LINGUAGEM CORPORAL

A Linguagem Corporal E A Comunicação Não Verbal

(Guia Para Analisar Comportamentos Da Linguagem Corporal)

Bill Eady

I0090418

Traduzido por Daniel Heath

Bill Eady

Linguagem Corporal: A Linguagem Corporal E A Comunicação Não Verbal (Guia Para Analisar Comportamentos Da Linguagem Corporal)

ISBN 978-1-989837-24-5

Termos e Condições

De modo nenhum é permitido reproduzir, duplicar ou até mesmo transmitir qualquer parte deste documento em meios eletrônicos ou impressos. A gravação desta publicação é estritamente proibida e qualquer armazenamento deste documento não é permitido, a menos que haja permissão por escrito do editor. Todos os direitos são reservados.

As informações fornecidas neste documento são declaradas verdadeiras e consistentes, na medida em que qualquer responsabilidade, em termos de desatenção ou de outra forma, por qualquer uso ou abuso de quaisquer políticas, processos ou instruções contidas, é de responsabilidade exclusiva e pessoal do leitor destinatário. Sob nenhuma circunstância qualquer, responsabilidade legal ou culpa será imposta ao editor por qualquer reparação, dano ou perda monetária devida às informações aqui contidas, direta ou indiretamente. Os respectivos autores são proprietários de todos os direitos autorais não detidos pelo editor.

Aviso Legal:

Este livro é protegido por direitos autorais. Ele é designado exclusivamente para uso pessoal. Você não pode alterar, distribuir, vender, usar, citar ou parafrasear qualquer parte ou o conteúdo deste ebook sem o consentimento do autor ou proprietário dos direitos autorais. Ações legais poderão ser tomadas caso isso seja violado.

Termos de Responsabilidade:

Observe também que as informações contidas neste documento são apenas para fins educacionais e de entretenimento. Todo esforço foi feito para fornecer informações completas precisas, atualizadas e confiáveis. Nenhuma garantia de qualquer tipo é expressa ou mesmo implícita. Os leitores reconhecem que o autor não está envolvido na prestação de aconselhamento jurídico, financeiro, médico ou profissional.

Ao ler este documento, o leitor concorda que sob nenhuma circunstância somos responsáveis por quaisquer perdas, diretas ou indiretas, que venham a ocorrer como resultado do uso de informações contidas neste documento, incluindo, mas não limitado a, erros, omissões, ou imprecisões.

Índice

Parte 1

Introdução

Olá, eu quero agradecer e parabenizar você por baixar o livro *"Como Saber Quando Alguém Está Mentindo"*.

Este livro contém passos comprovados e estratégias para facilmente distinguir verdade, honestidade e fatos de mentiras, desonestidade e ficção. Descubra os segredos que as pessoas estão guardando.

Eu sei como é ser machucado pelas mentiras de outra pessoa. É cruel e confuso e os efeitos da enganação são profundos. Eu já fiquei angustiado por coisas que me pareceram injustas muitas vezes. Enganação estava, e ainda está, ao nosso redor. Nós a vemos em romances, parcerias de negócios, vizinhos, família, na mídia, chefes, políticos, figuras religiosas e na sociedade em geral. Mas ver a desonestidade e não aprender a lidar com ela é um desserviço a nós mesmos. Eu decidi me impor e elucidar a honestidade. Através do tempo e dedicação eu aprendi a cortar a mentira pela raiz. Nesse livro, eu quero ensinar a você a detectar se alguém está mentindo. Os sinais podem estar evidentes ou escondidos, mas isso não importa, eles podem ser identificados. Identificá-los pode levar a superá-los e proteger a nós mesmos e àqueles que amamos de serem levados para um caminho de dor. Quer você se identifique com alguns, todos ou nenhum dos meus pensamentos, é honesto acreditar que esse livro pode ajuda-lo a desmascarar a verdade e a enganação nas pessoas.

Continue Lendo Para Desvendar a Verdade!

Obrigado mais uma vez por baixar este livro, espero que você goste!
Atenciosamente,

Copyright 2020 — Todos os Direitos Reservados.

Este documento é voltado para fornecer informação exata e confiável em relação aos tópicos e assuntos abordados. A publicação é vendida com a ideia de que a editora não é obrigada a prestar consultoria, oficialmente permitidas ou de qualquer outra forma, a serviços qualificados. Se conselhos, legais ou profissionais, forem necessários, um profissional experiente e atuante deverá ser requerido.

- Da Declaração de Princípios que foi aceita e aprovada igualmente pelo Comitê do American Bar Association e pelo Comitê de Editores e Associações.

De nenhuma forma é legal reproduzir, duplicar ou transmitir nenhuma parte deste documento por meios eletrônicos ou em formato impresso. Gravações desta publicação são estritamente proibidas e qualquer armazenamento deste documento não é permitido a não ser que haja permissão escrita da editora. Todos os direitos reservados.

A informação fornecida aqui é tida como verdadeira e consistente, de forma que qualquer prejuízo, em termos de desatenção ou outro, por qualquer uso ou abuso de quaisquer políticas, processos ou direções contidas neste, é de responsabilidade única e total do leitor. Sob nenhuma circunstância nenhuma culpa ou responsabilidade legal serão invocados contra a editora por quaisquer reparações, danos ou perdas monetárias devido às informações aqui contidas, direta ou indiretamente.

Os respectivos autores possuem todos os direitos não detidos pela editora.

As informações aqui contidas são oferecidas para propósitos unicamente informacionais. A apresentação da informação é sem contrato ou qualquer tipo de garantia.

As *trademarks* usadas são sem consentimento, e a publicação das mesmas é sem permissão ou apoio de seus donos. Todas as *trademarks*e marcas neste livro são unicamente para fins de esclarecimento e pertencem aos seus donos, não afiliados com este documento.

Capítulo 1: Detectando Mentiras Através de Expressões Faciais

O renomado psicólogo Paul Ekman selecionou nove indicadores faciais como pistas confiáveis de enganação ou mentiras:

1. Micro expressões: Em seus estudos, Ekman foi capaz de notar expressões involuntárias que podem perpassar o rosto de uma pessoa por uma fração de segundo. Ekman chamou essas mini expressões faciais de "deslizes"; eles são o sentiment0 verdadeiro de uma pessoa.

P. Você pode trabalhar algumas horas extras hoje? Uma cliente importante acabou de ligar e pediu por trabalho adicional.

R. Absolutamente! Sem problemas.

Micro expressão: Raiva perpassa momentaneamente pelo seu rosto enquanto você pensa "Eu não estou feliz em ter trabalho extra".

Micro expressões são sutis e pequenas, mas se você prestar bastante atenção, pode nota-las facilmente. Apesar do orador não saber, ele está mostrando um sinal claro em seu rosto que está dizendo "Eu estou prestes a mentir".

2. Expressões ocultadas ("*squelched*"):O segundo indicador facial de mentiras acontece quando uma pessoa está tentando esconder suas emoções, mas diferentemente das micro expressões, uma expressão ocultada inclui a sinalização de múltiplas emoções e, frequentemente, é performada de forma proposital. Por exemplo, há um membro irritante no seu clube de leitura, você gosta de ajuda-lo, mas algumas vezes mal consegue evitar gritar com ele e é por isso que o seu sorriso forçado para ele se transforma em uma careta. Quando alguém quer esconder suas verdadeiras emoções, a pessoa irá ativamente tentar cobri-las com outra expressão. Na maioria dos casos a forma de mascarar uma emoção é através de um sorriso. Um sorriso é a expressão facial voluntária mais fácil que uma pessoa pode fazer e

é frequentemente usado para esconder sentimentos negativos.

3. Padrões de Músculos-Chaves: Os padrões de músculos-chaves são o terceiro indicador para que você calibre se alguém está mentindo ou não. Alguns músculos faciais são fáceis de controlar, como aqueles associados aos movimentos das sobrancelhas, mas músculos-chaves não são fáceis de controlar. O músculo da orbita ocular, que contrai as pálpebras e cria pés-de-galinha nos cantos externos do olho, são difíceis de mover deliberadamente em uma "posição de sorriso" perfeita. Como regra, apenas felicidade genuína em uma pessoa pode produzir um sorriso genuíno. O rosto de uma pessoa deve participar quando ela sorri. Se você está julgando a sinceridade de um sorriso, olhe para a combinação da elevação dos cantos dos lábios, a retenção dos lábios para dentro da boca e a tensão nos músculos das bochechas. Se você também não identificar pés-de-galinha ao redor dos

olhos, as chances são de que seja um sorriso falso. Se você quiser saber se uma pessoa está genuinamente arrependida ou entristecida, a imobilidade do queixo e os lábios direcionados para baixo são sinais de um padrão muscular confiável que indicam a veracidade destes sentimentos. Um estudo cuidadoso do rosto como um todo é crucial para perceber enganações.

4. Taxa de Piscadas dos Olhos: Bons mentirosos são habilidosos em manter contato visual com seus oponentes. Diferentemente do conhecimento popular, as taxas de piscadas dos olhos são indicadores muito mais úteis de honestidade que o contato visual. Piscar pode ser tanto deliberado quanto não intencional, mas as pessoas que estão tentando enganar irão frequentemente piscar mais do que fazem quando contam a verdade.

5. Dilatação da Pupila: A dilatação da pupila é um indicador confiável da emoção de uma pessoa. Uma pupila

grande, dilatada excepcionalmente, indica que uma pessoa está excitada. Basicamente ninguém consegue controlar o tamanho de suas pupilas. Uma pessoa com pupilas dilatadas anormalmente talvez esteja sentindo raiva, medo ou outra emoção que não consegue controlar.

6. Lágrimas: Lágrimas são indicadores óbvios de emoções como a tristeza, estresse e, em alguns casos, felicidade ou diversão. Para a maioria de nós, lágrimas meramente mostram que uma pessoa tem um sentimento forte em relação a alguma coisa. Para algumas pessoas, lágrimas não são difíceis de fingir. Então, note as lágrimas, mas não chegue a conclusões tendo apenas elas como base.

7. Expressões assimétricas: Com exceção de desprezo, emoções genuínas geralmente se apresentam de forma bem simétrica. Quando uma pessoa faz uma expressão deliberada, é frequente que seja desigual. Nós tendemos a exagerar os movimentos naturais dos

nossos músculos faciais quando tentamos expressar uma emoção que não estamos sentindo realmente. Como resultado, uma expressão assimétrica emerge, como uma narina levemente elevada ou um sorriso torto. Expressões assimétricas são relativamente fáceis de notar mesmo para um novato. Diferentemente de outras expressões, a expressão de desprezo é cheia de significado. Ela geralmente significa um sentimentode superioridade moral aos demais. Você pode notar desprezo no rosto de uma pessoa através de viradas de olhos, uma ruga no nariz, ou uma narina elevada acompanhada do lábio superior enrugado.

8. *Timing*: O *timing* preciso de uma expressão facial em relação a outras expressões corporais ou vocais podem ser revelador. Indicadores das emoções verdadeiras de uma pessoa são, usualmente, expressadas simultaneamente, enquanto indicadores artificiais ocorrem em

sucessões rápidas. Por exemplo, uma pessoa que está fingindo estar com raiva pode cruzar os braços e então fechar o rosto. Se ela estivesse realmente com raiva, o movimento dos braços e o rosto fechado aconteceriam ao mesmo tempo.

9.Duração: A duração de uma expressão é relevante para detectar uma mentira. Expressões genuínas de emoção geralmente duram por menos de cinco segundos e raramente persistem por mais de dez. Um sorriso prolongado provavelmente esconde ansiedade, raiva ou outra emoção negativa; também indica que a pessoa talvez esteja tentando descobrir o que dizer em seguida.

10. Intuição: Detectar mentiras envolve mais do que observar expressões faciais. Indicadores faciais são confiáveis, mas você obviamente entende que apenas um sorriso torto de uma pessoa não faz dela automaticamente uma

mentirosa. Pesquisas conduzidas pela Universidade de Northwestern mostraram que algumas vez, sem perceber nenhuma micro expressão, a atividade do nosso cérebro é afetada pela aparência efêmera do rosto de alguém. Isso muda nossa percepção e nosso comportamento em relação a outra pessoa. Em outras palavras, apenas porque nós não identificamos uma mini expressão, não significa que, inconscientemente, não sentimos enganações.

Confie em você mesmo e se seus instintos dizem que alguém não está sendo honesto com você e está dando um sorriso assimétrico ou piscando muito – tome cuidado!

Capítulo 2: Detectando Enganação Através da Linguagem Corporal

O que interrogadores profissionais e outros detectores de mentira realmente procuram quando observam a linguagem corporal de uma pessoa é um "deslize emocional'. Frequentemente, nós estamos cientes de como nossos rostos mostram emoção, e tentamos controla-lo. Uma pessoa preparada para mentir talvez perceba que ele ou ela está nervosa enquanto fala e tentará evitar mostrar ansiedade e parecer relaxada. O problema para mentirosos é que nem sempre possível antecipar nossos sentimentos; nossas emoções nos pegam de surpresa. Isso é especialmente verdade quando nos contam ou perguntam algo para o qual não estávamos preparados.

Os grandes deslizes emocionais:
    o Símbolos
    o Ilustradores
    o Espelhamento
Símbolos

O sinal de "V" que você faz com os seus dedos ou o "dedo" que você ofensivamente mostra para algum cara egoísta ou o sinal de mão levantada que você dá a alguém quando precisa de um puxão, são todos símbolos. Símbolos são sinais que possuem significados independentes sem quaisquer palavras ditas. Eles são específicos e deliberados e podem substituir completamente uma frase ou palavra.

A expressão genuína de uma pessoa é, geralmente, balanceada, mas expressões artificias são frequentemente desbalanceadas. O mesmo pode ser dito para símbolos, quando mentirosos usam símbolos, eles são, no geral, incompletos ou executados de forma estranha. Um dar de ombros naturalmente equilibrado, com ambos os ombros, significa "Eu não sei ou eu não me importo". Um dar de ombros pela metade pode indicar desonestidade.

Quando um gesto simbólico parece artificial ou desbalanceado, pode revelar que alguém está tentando esconder seus verdadeiros sentimentos. Um funcionário que diz não estar chateado com nada, mas mostra um sinal relutante de "okay" provavelmente não está sendo honesto sobre o quão estressado ou raivoso está se sentindo. Símbolos variam de país para país, cultura para cultura. Então, não julgue uma pessoa de outro país ou de outra cultura baseado nos mesmos sinais.

Ilustradores

Ilustradores são sinais e gestos que estão diretamente relacionados ao discurso. Eles são usados para ressaltar um ponto falado ou para repetir ou dar importância ao seu significado. Diferentemente dos símbolos, ilustradores não conseguem se sustentar sozinhos; nós os usamos para enfatizar nossas palavras. Por exemplo, se alguém pede direções a você sobre a localização da cafeteria mais próxima e você apenas aponta com sua mão, você usou ilustradores.

Assim como símbolos, o uso de ilustradores tende a diminuir quando alguém está tentando mentir.Quando uma pessoa está pensando com afinco sobre o que está dizendo, seu foco está em elaborar e preservar sua história através das palavras. Ela não tem nenhuma conexão emocional com o que está dizendo. Ilustradores são derivados da emoção genuína por trás das palavras, quando a emoção e os sentimentos não estão presentes, os gestos também estão ausentes.

Espelhamento

Espelhamento é uma forma de mostrar que você se sente confortável com outra pessoa. Quando uma pessoa está confortável com a sua presença, ela irá copiar ou espelhar sua linguagem corporal e mostrar indícios posturais de que está envolvida na conversa. Ela irá se posicionar na cadeira da mesma forma que você ou se inclinar para frente quando você o fizer ou sorrir quando você sorrir.

Ao longo de uma discussão, as pessoas que estão confortáveis com a presença umas das outras irão sensivelmente sincronizar seu tom de voz, padrões de fala e até mesmo a respiração. Uma vez que o espalhamento é fácil de fingir, muitos sites de namoro e livros sugerem que as pessoas espelhem os movimentos corporais e o comportamento de seus acompanhantes. O espelhamento é fácil de alcançar, mas mentirosos frequentemente são detectados porque eles não espelham o comportamento.

Quando alguém está tentando evitar comunicação ou se sentindo desconfortável, ela irá fazer gestos completamente opostos aos seus, como permanecer imóvel e não relaxar se você se recostar no sofá, por exemplo. Ela irá responder às suas perguntas, mas é altamente possível que está tentando enganar você. Permita-se ter uma visão clara do corpo, pernas e especialmente do rosto de alguém ao julgá-lo por possíveis enganações. Isso irá aumentar suas chances de detector mentiras.

Evidências Corporais

A seguir estão oito dicas de linguagem corporal a serem observadas e compreendidas:

1. Aceno de cabeça: Simboliza o que os americanos conhecem como um sinal de "Sim" enquanto alguém está

falando, geralmente significa "Sim, eu estou ouvindo você", não necessariamente significa "Sim, eu concordo com você".

2.Palmas abertas: Uma postura que englobe palmas abertas e voltadas para frente é inofensiva e receptiva. Indica honestidade e receptividade ao interlocutor. Por outro lado, palmas projetadas para baixo projetam autoridade e palmas escondidas sugerem dissimulação.

3.Mãos unidas: Durante uma conversa, dedos se torcando ligeiramente em uma posição semelhante àquela de reza é uma forma não verbal simples de mostrar confiança, e até mesmo superioridade. Esse gesto pode ser tanto positive quanto negative.

4.Aperto de mão firme: Um movimento favorito de uma pessoa confidante e dominante é apresentar uma palma voltada para baixo em um aperto de mãos, instantaneamente colocando o oponente em uma posição submissa.

5.Braços cruzados:Uma posição de braços cruzados (o inverso de palmas abertas) indica uma atitude defensiva, negativa ou não receptiva.

6.Tornozelos cruzados: De forma similar aos braços cruzados, o gesto no qual as pernas estão engatadas juntas sugere incerteza, retração ou medo. É comumente visto emsalas de interrogatório ou cadeiras de dentista.

7.Postura de pernas afastadas: A pose de atletas profissionais e jogadores antes de um jogo, esse gesto predominantemente masculina evidencia a área da virilha e sugere tenacidade e dominância.

8. Tirada de fibras: Quando uma pessoa se vira para pegar qualquer fibra ou fiapo, real ou imaginária, de suas roupas, isso sugere que ela desaprova ou discorda com o que está dizendo ou ouvindo.

Detectar mentiras não é apenas sobre micro expressões e linguagem corporal; você precisa analisar as palavras da pessoa. No próximo capítulo, iremos discutir tudo sobre isso.

Capítulo 3: Indicadores Verbais de Mentira

Mentir é um trabalho duro. De acordo com o pesquisador suíço AldertVrij "Mentirosos têm que pensar em respostas críveis, evitar quaisquer contradições e contar uma mentira que seja consistente com tudo que o ouvinte saiba ou possa descobrir." Eles precisam fazer tudo isso sem cometer nenhum erro ou mostrar qualquer nervosismo.

Para detectar indicadores verbais de mentira, analistas de fraude prestam bastante atenção em quatro características do discurso:

To detect verbal indicators of lying, deception analysts pay close attention to four characteristics of speech:

· Estrutura do discurso
· Deslizes verbais
· Qualidade vocal
· Atitude

Estrutura do discurso

A estrutura do discurso de uma pessoa – suas extadas escolhas de frases ou palavras – é um bom indicador de possíveis enganações. De qualquer forma, você precisa lembrar uma coisa, qualquer fator mental ou físico, como o estresse, a fatiga, a fome, a preocupação com um membro da família, etc, pode afetar como alguém se expressa.

Existem diversos tipos de discursos que mentiroso usam para desviar suspeitas ou fugir de perguntas:

Discursos-Papagaio: Quando você faz uma pergunta a alguém e ela a repete para você, a pessoa talvez esteja retardando a conversa para conseguir tempo e pensar sobre o que quer responder. Por exemplo, se você perguntar "Onde você estava ontem à noite?" e você ouvir de volta "Onde eu estava ontem à noite? Eu estava na casa dos meus pais.", preste atenção. Você não obteve uma resposta simples, como "Eu estava na casa dos meus pais."

Discurso *"guilt-trip"*[1]: Um discurso *guilt-trip* é uma tática que mentirosos usam

---

[1] Nota de tradução: "*guilt-trip*" é uma expressão do inglês que significa o ato manipulador pelo qual uma pessoa faz outra sentir-se culpada por fazer ou pensar algo, geralmente utilizando vitimismo e grandes gestos para criar credibilidade emocional.

para colocar você na defensiva. Digamos que você pergunte a um dos seus funcionários qual saída ela usa quando está indo embora após o expediente e ela fica ofensiva e diz "Não se preocupe, eu não irei sair cedo."

Discurso de protesto: Um mentiroso usa discursos de protesto e lembra você que seu passado mostra que ela é uma funcionária obediente e honesta.

P: "Qual saída você geralmente usa quando deixa o prédio depois do expediente?"

R: Geralmente a porta de trás. Eu tenho sido uma funcionária honesta e que trabalha duro há 5 anos. Por que você está fazendo esse tipo de pergunta?

Discursos exagerados ou curtos demais:No segundo antes de qualquer pessoa se preparar para responder a uma pergunta, ela irá consciente ou inconscientemente julgar qual seria a melhor resposta possível. Ela talvez diga muito pouco como "não muito" ou "não estou interessada". Outras vezes, ela talvez responda com uma resposta longa e esconda o verdadeiro ponto do discurso.

Discurso de suporte: Mentirosos deliberadamente querem soar convincentes e sérios. Eles irão adicionar frases como:

"Eu juro por Deus que estava com Jon ontem à noite."

"Para ser sincero, eu também pensei que esses números não estavam corretos."

Psicólogos descobriram que mentirosos frequentemente usam essas frases quando tentam levantar suspeitas.

Discursos de distanciamento: Ninguém gosta de pensar em si mesmo como um traidor, um mentiroso ou um criminoso. Frequentemente, nós fazemos todos os tipos de gestos mentais e verbais para evitar cenários como este. Por exemplo, um vendedor tentando vender um laptop inferior talvez diga "esse modelo é muito popular, ele esgota o tempo todo." Note que o vendedor evitar usar "eu" e se retira completamente da conversa. Um vendedor honesto diria "Eu sei que é um modelo muito popular, eu o vendo o tempo inteiro." Discursos de distanciamento são marcadores de discursos desonestos.

Eufemismos: Eufemismos também são uma forma de linguagem de distanciamento. Uma pessoa honesta confrontada com uma pergunta direta como "Você roubou meu dinheiro?" irá responder diretamente "Eu não roubei nada de você!" No entanto, uma pessoa culpada talvez responsa "Eu não tirei nada de você." Note a falta de emoção suspeita em sua negação. Além disso, a pessoa mudou a palavra "roubo" para um moderado "tirar" – um possível indicador de que está mentindo.

Deslizes verbais

Deslizes verbais são basicamente os erros que as pessoas cometem quando investem tanta energia cognitiva na preservação de suas mentiras que seus cérebros encontram dificuldade em acompanhar o que elas estão realmente dizendo. "Ahs" e "Ums", uso gramatical inconsistente e muito outros erros verbais entram nesta categoria.

Deslizes da língua: Um deslize da língua é basicamente um erro no discurso que trai um sentimento, pensamento ou desejo inconsciente por parte do locutor.

Negações longas/formais: Mentirosos algumas vezes usam a gramática formal mais do que fariam naturalmente. Por exemplo, dizendo "Eu não estava lá" invés de "Eu não *tava*lá." Quando uma pessoa inocente é acusada de algo que não fez, seu primeiro instinto é rejeitar completamente a acusação da forma mais enérgica que conseguir. Por exemplo, "Não fiz isso!" ou "Não toquei nela!".

Negações específicas: Uma pessoa que está contando a verdade tende a negar categoricamente qualquer transgressão. "Eu estou no ramo há mais de vinte anos e nunca forneci produtos abaixo do padrão para nenhum dos meus clientes. Nós não fazemos negócios suspeitos e não temos a intenção de começar agora." Mentirosos preferem ir direto ao ponto: "Nós não produzimos produtos de baixa qualidade."

Qualidade vocal

A qualidade vocal de uma pessoa é o indicador menos confiável. A seguir, algumas pistas que podem sugerir uma enganação:

o Algumas vezes a voz assumir um tom mais alto

o Atraso longo antes da fala

o Falar em uma velocidade anormalmente lenta, com mais hesitação e erros ("Ahs e Ums")

o A voz gradualmente torna-se tensa ou forçada

Todas essas pistas dependem fortemente de interpretação. O que soa tenso ou forçado para uma pessoa poderia soar perfeitamente normal para outra. Além disso, se alguém sente que está sendo avaliado, essa pessoa talvez fale de forma artificial para tornar as coisas mais complicadas. Esse é o motivo pelo qual você deveria considerar a qualidade vocal apenas em conjunto com outros indicadores verbais, linguagens corporais e expressões faciais.

Atitude

Ouça atentamente ao discurso de uma pessoa e então dê um passo atrás mentalmente para considerar o que a combinação das pistas verbais, expressões faciais e linguagens corporais indicam para você. A atitude é um indicador crucial na detecção de mentiras. A pessoa está interessada em responder à pergunta ou resolver o problema? Ela está sendo evasiva ou direta? O quão confiante sua voz soa? Uma pessoa desonesta talvez seja retraída e hesitante em negar firmemente ou reconhecer qualquer coisa que você sugira sobre seu comportamento ou ações.

Uma pessoa confiável irá cooperar confiantemente desde o começo da conversa e irá sinalizar que está ao seu lado. Se a pessoa em questão se exalta, preste atenção ao tempo que leva para que volte a se acalmar. Quando falsamente acusada, uma pessoa inocente fica com raiva e torna-se ofensiva porque não tem nada a esconder. Por outro lado, mentirosos irão se tornar extremamente defensivos porque têm algo a esconder. Eles irão responder com algo como "Eu não consigo acreditar que você está me acusando assim!" Eles exageram a situação e rapidamente se acalmam assim que acreditam tê-lo convencido com sucesso de que você está causando um estresse emocional profundo com perguntas desnecessárias.

Capítulo 4: Dicas! E Mentiras Que Você Quer Ouvir

Mais algumas dicas para você:

o Esconder os olhos ou a boca: Uma pessoa misleading frequentemente irá esconder os olhos ou a boca quando estiver mentindo. Essa é uma tendência natural de algumas pessoas para encobrir a verdade. Também é uma tentativa de se proteger da reação provocada pela mentira.

o Engolir ou limpar a garganta: Se uma pessoa limpa a garganta ou engole de forma perceptível quando questionada sobre alguma coisa, esse é potencialmente um sinal de que alguma coisa está errada. A pergunta talvez tenha tocado em um ponto sensível e provocado essa reação.

o Movimento de mão ao rosto: Observe o que uma pessoa faz com a cabeça ou com o rosto durante uma pergunta. Os sinais mais claros são puxar os lábios ou orelhas, morder ou lamber os lábios. Esses movimentos são tentativas do nosso corpo de liberar ansiedade e mostram para as pessoas que quem está sendo questionado está nervoso.

o Gestos de aprumo:Gestos de aprumo são sinais de nervosismo e ansiedade. Um homem desonesto talvez arrume seus óculos, os punhos de sua camisa ou sua gravata quando responder a uma pergunta. Uma mulher que está tentando enganar alinharia sua saia ou colocaria algumas mechas de cabelo atrás da orelha. Há outras coisas que podem ser notadas. Por exemplo, se você faz uma pergunta e subitamente a pessoa fica ocupada com seu telefone ou seu copo de água está perto demais ou a caneta não está no lugar correto.

As Mentiras Que Você Quer Ouvir

A vida é complicada e estressante e algumas vezes a verdade nua e crua não é o suficiente para encorajá-lo a seguir em frente com a sua vida. Mentiras ou encorajamentos que você quer ouvir incluem:

o Vai ficar tudo bem: Você sabe que tudo não vai ficar bem, especialmente se você sofreu um acidente ou está passando por sérios problemas financeiros. Você irá sofrer pelos próximos dias. Mas problemas não significam uma rua sem saída para você. As coisas vão melhorar e você sabe disso, mas quando se está em uma situação difícil você precisa de inspiração e encorajamento da sua família e amigos. Palavras vindas deles vão ajudá-lo a passar pelos dias mais escuros da sua vida.

o Não há nada para temer: O mundo é perigoso e há muitas coisas para temer. Mas isso não significa que você não deveria sair de casa! Você precisa viver sua vida normalmente apesar da possibilidade de um incidente acontecer com você a qualquer momento. Você vive sua vida tão normalmente quanto for possível e quando coisas ruins acontecem você lida com isso. Viver uma vida em medo constante não é viver.

o Se você é uma boa pessoa, coisas boas irão acontecer para você: Outra mentira! A vida não é justa e você sabe disso, mas um pequeno encorajamento não vai machucar. Quando você está profundamente deprimido, palavras como essa irão ajuda-lo a continuar. Não importa qual seja a situação, as coisas irão melhorar para você e você tem que acreditar nisso.

o Você pode ser o que quiser na vida: Raramente você pode ser o que você quiser na vida. Você não pode ser um milionário ou um astro do esporte simplesmente porque você quer ser. Mas não há nada errado em tentar. Sonhe alto e mire nas estrelas.

o O amor é tudo de que você precisa: Amor é importante na vida. O amor da família e dos amigos próximos são tesouros preciosos na vida de qualquer pessoa. Mas apenas o amor não pode nos sustentar. Amor não garante comida, roupas ou a segurança de uma casa. Nós trabalhamos duro para se sustentar e voltar para casa para aqueles que amamos. Amor e renda se complementam e você precisa de ambos na sua vida.

Capítulo 5: Alguns Exemplos Reais da Linguagem Corporal dos Mentirosos

Quando você analisa a linguagem corporal de um mentiroso em um cenário real, você precisa observar cuidadosamente todos os movimentos e mudanças na respiração, braços, mãos, pés, pele, postura, posição ou postura. Nesse capítulo nós iremos discutir alguns exemplos reais de linguagem corporal que revelam que alguém está sendo desonesto ou mentindo.

Mudanças na Respiração
Mudanças no padrão de respiração são frequentemente a primeira coisa que você vai notar quando uma pessoa mente. Quando as pessoas estão calmas e relaxadas e não precisam se preocupar sobre o que estão dizendo, elas respiram normalmente e você será capaz de ver um padrão estável de respiração – o abdômen movendo para cima e para baixo conforme o ar entra e sai dos pulmões. Mas quando uma pessoa está mentindo ou mostrando

alguns sinais de desonestidade, ele ou ela frequentemente irá respirar de forma que você verá os ombros e a parte superior do peito subir e descer invés de ver o abdômen se mover para cima e para baixo.

Créditos da imagem: huffingtonpost.com

Quando alguém está sendo desonesta, frequentemente é visível na área superior do peito, indicando ansiedade e nervosismo. Um exemplo perfeito é a entrevista em que Lance Armstrong confessou para Oprah Winfrey que ele havia realmente sido pego no doping. Enquanto na entrevista ele pareceu franco em muitas das coisas que revelou, de tempos em tempos um observador atento poderia detectar uma tensão visível em seus ombros enquanto ele respirava ansiosamente. Isso indica que ele não estava sendo completamente honesto ao responder às perguntas de Oprah.

Créditos da imagem: telegraph.co.uk

Quando uma pessoa está sendo desonesta, você irá frequentemente vê-la estufar as bochechas ao exalar de forma inesperada. Esse processo é conhecido como oxigenação. O Sistema Nervoso Autônomo da pessoa está trabalhando arduamente para dominar um aumento súbito de dióxido de carbono no sistema. Por esse motivo, a pessoa prontamente respire profundamente e então libera o ar para obter novamente um equilíbrio no corpo. Esse processo ajuda o mentiroso a liberar o aumento de tensão causado pela mentira e a retomar sua compostura. Essa liberação de ar é, então, frequentemente, um grande indicativo como se trata de detectar uma mentira.

Créditos da imagem: Daniel Gluskoter, Splash News.

Acima nós podemos ver uma foto do infame O. J. Simpson na corte durante seu julgamento em 2008 no Las Vegas Clark Country Regional Justice Center por assalto, invasão e assédio. Observe como seu peito está expandido e elevado enquanto ele enche os pulmões de ar, e suas bochechas estudas enquanto ele se prepara para liberar uma lufada súbita de ar para se oxigenar e liberar o estresse e a tensão esmagadora.

Essa foto foi tirada no dia em que o juri foi selecionada para o seu julgamento. O. J. tem uma experiência extensa na sala do júri e ele sabe a importância da escolha dos jurados antes do julgamento começar. Sua lufada de ar intensa e súbita e a respiração com a parte superior do peito ilustram o estresse e a ansiedade pelos quais ele está passando durante o processo de seleção do júri.

Mudanças na Pele

Quando as pessoas mentem você pode, algumas vezes, notar mudanças na sua pele, no que diz respeito à transpiração e à cor da pele. Em indivíduos de pele mais clara, a pele talvez se torne manchada, vermelha ou corada. Geralmente você pode ver a vermelhidão no nariz e nas bochechas, mas a vermelhidão também pode aparecer de forma não uniforme em todo o rosto, do pescoço até a testa, assim como nas orelhas. O rubor ou a vermelhidão podem variar de um rosa claro até um vermelho bem escuro. Essa mudança inesperada de cor é o resultado de um aumento na adrenalina e mudanças simultâneas nos capilares e veias sanguíneas. Em indivíduos de pele mais escura, a pele pode tornar-se acinzentada ou mais pálida.

Créditos da imagem: lillian.ejago.com

Aqui nós podemos ver a foto do humilhado e desonrado antigo Senador e candidato a Vice-Presidente John Edward quando este foi preso por fraude financeira. Como você pode ver, ele está tentando dizer que está feliz e que tudo está bem com o sorriso falso. Apesar de seus lábios estarem sorrindo, você pode perceber que é um sorriso falso. Sua aparente felicidade também é refutada pela pele escurecida e manchada em seu rosto e nas laterais de seu pescoço. Na foto original, seu rubor é muito mais óbvio, todo seu rosto está rosado-vermelho.

Créditos da imagem: cnn.com

Talvez você já tenha visto vermelhidão nas bochechas, orelhas e nariz de um mentiroso quando ele sente que sua mentira está prestes a ser descoberta. A pele de Lance Armstrong é normalmente bronzeada, mas a vermelhidão contrastante em seu nariz, orelhas e lados do seu pescoço durante a entrevista revelam a mudança rápida no seu Sistema Nervoso Autônomo e o aumento subsequente de fluxo sanguíneo. Juntamente com a súbita cor avermelhada, as veias talvez apareçam na testa, uma vez que estão inchadas pelo aumento de fluxo e pressão sanguínea.

Suor

Transpiração no rosto frequentemente indica mentira. Suor normalmente aparece na testa, nas bochechas, no nariz, no lábio superior e no queixo. Na foto anterior de John Edwards você pode facilmente ver a transpiração visível em seu rosto enquanto ele mostra uma expressão feliz. Suor no rosto é um resultado do corpo gerando calor, o que também causa a vermelhidão e rubor simultâneos. O corpo tenta se resfriar e o suor é liberado através dele e do rosto.

Créditos da imagem: peterheck.com

Curiosamente, os músculos do lábio superior normalmente se tensionam durante uma mentira e é por isso não é incomum ver gotas de suor se acumularem nessa área. Esse é frequentemente um indicador claro de que a pessoa está mentindo. Na foto acima, enquanto todos nós notamos o dedo raivosamente apontado de Clinton, alguns observadores atentos foram capazes de ver que ele também estava suando excessivamente enquanto respondia às perguntas. Olhe atentamente para a foto acima e você poderá ver pequenas gotas de transpiração e brilho sobre seu lábio superior.

photos1.blogger.com

Assim como o Presidente Clinton, Armstrong também estava suando muito quando deu entrevistas sobre seus dias de ciclista. Um exemplo é sua entrevista com a ESPN.com em 2006, na qual gotas de suor sobre seu lábio superior eram claramente visíveis enquanto ele categoricamente negava ter tomado qualquer droga de reforço de desempenho (*doping*).

Esse sinal indicador de suor no lábio superior foi útil quando a inspetora da costumes dos Estados Unidos, Diana Dean, confrontou Ahmed Ressam, que também é conhecido como o *"Millennium Bomber"*. Ahmed Ressam tentou entrar nos Estados Unidos pelo Canadá em dezembro de 1999, dirigindo um carro que continha os componentes de uma bomba caseira. Quando Ressam deixou a balsa de British Columbia para Port Angeles, Washington, Dean o confrontou enquanto conduzia seu interrogatório de rotina. O que a alertou foram as gotas de suor que começaram a aparecer sobre o lábio superior de Ressam. Ela imediatamente pediu por ajuda e chamou os demais policiais para revistarem o carro. Os materiais crus para fazer a bomba foram encontrados. Se ela não houvesse notado o sinal indicador de suor de Ressam, poderia ter acontecido outro ataque terrorista em solo americano!

Mudanças de Postura

Quando as pessoas mentem e traem, você vai notar mudanças leves e súbitas em sua postura. Normalmente a postura irá tensionar e ambos os ombros irão se direcionar para frente e tornar-se rígidos. Sua cabeça também pode mudar de posição e abaixar em um movimento sutil para frente.

Créditos da imagem: Pooled Pictures/Splash News

Aqui está uma foto de Chris Brown quando ele apareceu na corte em abril de 2009 por agredir sua namorada Rihanna Fenty. Apesar de se declarar inocente das acusações, sua linguagem corporal sugeria que ele estava se sentindo envergonhado e culpado. O normalmente arrogante e convencido Chris Brown não apresentava sua postural costumeira quando apareceu diante ao júri. Sua cabeça inclinada, olhando para baixo, e seus ombros subitamente encolhidos. Como você pode ver pela imagem, sua postura basicamente grita "culpa" e "vergonha".

Um dos motivos pelos quais os mentirosos adoram essa posição quase fetal é porque, por dentro, eles estão se sentindo emocionalmente vulneráveis e constrangidos. Por isso, eles literalmente tentam se diminuir, ocupando menos espaço e mostrando que estão se sentindo pequenos emocionalmente. Essa também é a forma natural do corpo se proteger. Então se e quando você pegar uma pessoa mentindo, você irá frequentemente ver ombros encolhidos e rostos em uma posição que se assemelha a de uma tartaruga. Você talvez se lembre de ver isto quando Barry Bonds foi pego mentindo por omissão em uma coletiva de imprensa lotada. Enquanto ele mantém silêncio na conversa sobre o uso de esteroides, sua linguagem corporal protetora mostra a verdade.

Créditos da iamgem: lillian.ejago.com
Nesta imagem de John Edwards, você também pode perceber sua postural encolhida. Geralmente a postura de Edwards era firmemente reta, com sua cabeça erguida e os ombros voltados para trás enquanto ele transbordava autoconfiança. Mas nesta imagem você pode ver que seus ombros estão voltados para frente. Essa é a linguagem corporal de um homem que está triste e envergonhado. Então seu corpo está mostrando a verdade – que Edwards não está feliz com sua prisão por fraude na campanha.

Quando alguém perde a autoconfiança e tente enganar as pessoas você pode frequentemente notar sua postura mudar para uma posição fetal encolhida. Isso é especialmente evidente quando você vê alguém que é condenado por um crime ir de uma postura reta e arrogante para uma postura-de-tartaruga com os ombros encolhidos e a cabeça inclinada.

Andy Colwell, The Patriot News/AP

Quando o desonrado técnico de futebol de Penn State, Jerry Sandusky, foi inicialmente acusado de abuso infantil, sua cabeça erguida e postura reta afirmaram ao mundo que ele estava confiante e nada aconteceria a ele. Ele iria simplesmente sair ileso das acusações. Porém, conforme o tempo passou, novas testumunhas de seu delito apareceram e postura antes ereta e confiante de Sandusky começou a se tornar mais e mais encolhida e de "tartaruga". Apesar de continuar alegando inocência, sua linguagem corporal e postura mostravam outra coisa. Essa mudança culposa de postura também é um indicativo para policiais quando interrogam suspeitos. Eles sabem que estão em um bom caminho e suas perguntas se tornam mais diretas.

Balançar de Ombros
Foto: John Storey

Imagine que você está em um diálogo com uma pessoa e ela subitamente balança os ombros quando responder uma pergunta copiosa ou falar sobre um tema polêmico, é possível que ela esteja mentindo para você. Um exemplo: o antigo jogador de baseball da Major League, Barry Bonds, frequentemente balançava seus ombros durante coletivas de impressa para evitar perguntas sobre o uso de esteroides. Mas evitar perguntas com tanta frequência e para as pessoas erradas – promotores federais – resultou em Bonds sendo indiciado por obstrução de justiça e perjúrio em uma investigação governamental. Barry foi condenado por obstrução de justiça e teve sua entrada no Baseball Hall ofFame negada.

Direitos de imagem: GettyImages

Nós estamos falando sobre detectar mentiras e não podemos deixar uma pessoa de fora: O. J. Simpson! Em sua audiência no Las Vegas Clark Country Regional Justice Center, O. J. levantou com suas algemas e ofereceu uma "desculpa" por seu delito. Enquanto fazia isso, ele despreocupadamente inclinou sua cabeça para um lado e balançou seus ombros, como é possível ver na foto acima. Isso indica que seu "pedido de desculpa" não era genuíno. Isso "provou" o fato de que sua intenção era realmente "machucar esses caras" quando ele entrou em seu quarto de hotel munido com uma arma para recuperar o que ele via como sua propriedade.

Apresidente do júri, Jackie Glass, obviamente viu além da desculpa falsa de O. J. Ela rejeitou sua "desculpa" e disse que o que O. J. fez era "muito mais do que apenas estupidez". Ela o sentenciou a 15 anos na prisão.

"Contra a parede"

Créditos da imagem: AdLIB Design/Splash News

Algumas vezes quando as pessoas percebem que eles foram pegos mentindo, todo o seu corpo vai subitamente e incontrolavelmente empurrava sua. Isso significa que o mentiroso literalmente foi pego de surpresa por sua desonestidade ter sido descoberta. As costas do mentiroso estão simbolicamente "contra a parede" enquanto ele já um pulo simbólico e pequeno para trás. Ao fazer isso, sua postura rapidamente se torna ereta e rígida. Também há uma tensão visível nos ombros e no pescoço, como pode ser visto na foto de O. J. Simpson. Essa foto foi tirada durante uma entrevista no décimo aniversário do assassinato de sua esposa. No vídeo, é possível vê-lo literalmente recuando quando a pergunta de Catherine Crier atinge um ponto sensível.

Inclinando-se

Créditos da imagem: AdLIB Design/Splash News

As pessoas que mentem no seu rosto querem desesperadamente que acreditem nelas. Então, em seu desespero, eles irão inclinar-se na sua direção como uma forma de se insinuar e parecerem agradáveis e acessível. É uma tentativa manipuladora de enganar as pessoas a acreditar neles. É por isso que você pode frequentemente vê-los se inclinando para frente quando estão em uma comunicação cara-a-cara. É uma tentativa de criar uma falsa intimidade e fazer você acreditar que eles estão contando a verdade. A foto acima de O. J. Simpson durante uma entrevista quando ele foi questionado sobre seu envolvimento na morta da esposa. Nessa foto você pode ver a sutil inclinação para frente, acompanhada do dedo apontado, basicamente uma tentativa de enganação.

Scott Peterson durante uma entrevista. Foto:findlaci2003.us

Criminosos que são entrevistados antes de suas condenações, frequentemente mostram esse tipo de comportamento. O criminoso condenado Scott Peterson foi entrevistado por Diane Sawyer e durante toda a entrevista é possível ver Peterson se inclinando para frente, provavelmente em uma tentativa falha de parecer crível. Enquanto ele se inclinava e falava, ele continuava a mentir sobre não saber o paradeiro da esposa. Peterson fez a mesma coisa em outra entrevista na CBS. Apesar da repórter controntá-lo sobre suas mentiras e enrolações acerca da namorada, Amber Frey, Peterson continuou a manter a posição rígida e inclinada para frente durante a entrevista.

Nós também notamos esse padrão com Drew Peterson, condenado por assassinar a esposa, no Today Show enquanto ele tentava convencer seu entrevistador, Matt Lauer, e o mundo de que ele não havia matado a terceira e a quarta esposas, Kathleen e Stacy, respectivamente. Nós também vemos a mesma postura em Jodi Arias, condenada por matar o namorado, quando ela apareceu em 48 Hours e tentou convencer a todos de que era inocente. Outro traço notável desses criminosos que se inclinam para frente é que eles dificilmente saem dessa posição durante as entrevistas.

É exatamente isso que vemos na linguagem corporal de Drew Peterson. Em suas muitas entrevistas, ele sempre se mantinha sem expressão e rígido enquanto declarava inocência. Ele insistia não ter matado a terceira esposa, Kathleen, ou a quarta, Stacy. Ele respondeu a todas as perguntas sem demonstrar expressão em seu rosto e nunca mudou a posição do corpo inclinado para frente.

Inquietação ou Estagnação

Outro sinal indicativo de mentira é a inquietação. O motivo para isso é que o nosso sistema nervoso autônomo frequentemente tem uma resposta primitiva de luta-ou-fuga. Com frequência, as pessoas querem literalmente fugir de situações desconfortáveis ou estressantes. Então, se um mentiroso sente que ele será entrevistado ou interrogado, o instinto biológico inato age no sentido físico de "me tire desse cenário". Por esse motivo, a energia excessiva e os movimentos corporais externos.

Alternativamente, um mentiroso também pode ficar imóvel. Isso pode ser um sinal de uma situação neurológica primitiva de luta no lugar de uma resposta de fuga.

Quando você fala e se envolve em uma conversa, é natural que você mexa o seu corpo em movimentos relaxados, sutis e majoritariamente inconscientes. Então, se você vê uma posição catatônico e rígido, desprovido de movimento, isso é comumente um sinal indicativo de que alguma coisa está errada. No mínimo, a pessoa está tentando bastante mostrar uma posição calma e controlada, no máximo, ela esteja tentando manipular você através de mentiras.

Quando um suspeito está sendo interrogado por policiais e parece enraizado ao lugar, geralmente indica que ele está tentando esconder alguma coisa. Além disso, se ele está segurando as mãos ou braços, ele está literalmente tentando segurar-se para não dizer as palavras "erradas".

Todd Williamson/Todd Williamson/Invision/AP

NickiMinaj negou fiel e ruidosamente estar envolvida em hostilidades com a também jurada, a cantora Mariah Carey. De qualquer forma, o fato de que Nicki se sentou rígida e sem expressão e se recusou a olhar para Mariah mostrou a verdade para todo o mundo. Esse comportamento incomum é comumente um bom indicativo de uma mentira, precisamente porque é incomum, estranho e não acompanha a atmosfera do cenário como um todo. A pessoa que está enganando tenta micro gerenciar seus movimentos para que ninguém perceba que está mentindo; ironicamente, é esse exato comportamento que mostra para as pessoas que a pessoa está escondendo alguma coisa.

Mudanças na posição da cabeça
Quando alguém é pego mentindo, você comumente irá notar vários movimentos estranhos e intrigantes. A cabeça estará curvada para baixo, empurrada para trás, inclinada para um lado ou para o outro. Se você notar esses sinais, particularmente depois de fazer uma pergunta inquietante, é possível que a pessoa não esteja sendo

completamente honesta e verdadeira com você.

Empurrão para Trás

Créditos da imagem: AdLIB Designs/Splash News

Nós vimos com frequência a balançar da cabeça de Scott Peterson durante seu julgamento pelo assassinato da esposa. Durante o julgamento, sua cabeça se movia subitamente para trás quando ele ouvia algo convincente na corte que mostrava a verdade sobre seu envolvimento na morte da esposa. Você pode ver a mesma coisa na foto acima de O. J. Simpson durante sua entrevista para Catherine Crier. O *timing* da foto é significativo: ele subitamente empurra sua cabeça para trás enquanto começava a responder a uma pergunta importante sobre o assassinato de Nicole. Esse movimento súbito e inesperado de cabeça é frequentemente um indicador de que alguém não está contando a verdade.

A próxima imagem é de Lance Armstrong quando uma pergunta inesperada sobre seu escândalo com drogas foi feita. Perceba a posição de sua cabeça e o quanto ela está pendendo para trás enquanto ele processa a pergunta. Sempre que você notar a cabeça de alguém subitamente parece ter sido empurrada para trás – quando eles pensam que podem ser pegos mentindo ou ouvem algo que possa revelar a verdade. Esse movimento estranho, súbito e inesperado diz muito.

Créditos da imagem: Jennifer Lorenzini/Splash News.

Inclinação de Cabeça (Para Baixo)

Quando alguém com consciência ouve uma verdade desagradável ou é pego mentindo, ele ou ela normalmente irá curvar a cabeça. Isso frequentemente é um sinal de vergonha ou contrição. Quando Tiger Woods responde perguntas coletiva de impressa sobre seu caso, sua cabeça estava curvada durante quase todo o tempo.

Photo: Euroweb.com

Créditos da imagem: Pooled Pictures/Splash News

Você podever a mesma coisa com o cantor e rapper Chris Brown quando ele se declarou inocente das acusações de agressão. O cantor sabia que sua alegação era uma mentira e que era culpado de agredir sua namorada, a cantora Rihanna, na noite do Grammy Awards.

Inclinação de Cabeça (Para os Lados)
Se você vê alguém subitamente inclina a cabeça para um lado ou para frente, isso frequentemente indica incerteza ou dúvida. Esse cenário é comumente visto quando perguntas inquietantes são feitas ou quando alguém sente que sua mentira está prestes a ser descoberta. É a forma inconsciente e instantânea do corpo dizer "Eu não sei como responder a essa pergunta, porque eu tenho que inventar uma mentira!'. Quando Drew Peterson foi questionado sobre o seu envolvimento no desaparecimento misterioso de sua quarta esposa, o normalmente arrogante ex-policial imediatamente inclinou sua cabeça para o lado enquanto respondia à pergunta e se defendia com "mentiras".

Esse foi um sinal para os experts de comportamento.

Lance Armstrong inclinou sua cabeça para o lado quando foi convidado ao placo em 2010 durante a cerimônia de encerramento de Tour de France. Esse foi provavelmente um sinal claro de enganação. Ele sabia que não merecia os elogios e quando os jornalistas começaram a fazer perguntas, ele provavelmente não sabia como esconder sua mentira.

Engolindo em Seco

Outro sinal indicativo significante de mentira é engolir em seco. Essa ação súbita de um "mentiroso" é o resultado da ação do sistema nervoso autônomo. Como a protuberância laríngea conhecida como Pomo de Adão é comumente mais visível em homens, é mais fácil de perceber nestes. O enganador, no geral, irá parar no meio da frase para engolir automaticamente. Quando uma pessoa está tensa, ou dizendo ou fazendo algo que não deveria, a produção de saliva usualmente diminui. Consequentemente, a garganta ficará seca e "arranhada". Para lubrificar a garganta com saliva e continuar a falar, o mentiroso terá que engolir, o que alivia a sensação apertada, desconfortável e seca.

Créditos da Imagem: GettyImages

Lance Armstrong facilmente podia ser visto engolindo em seco ao longo de sua conversa com Oprah, particularmente quando falava sobre o seu escândalo de *doping*. Isso ficava mais óbvio quando Armstrong estava vendo vídeos antigos seus nas fitas de depoimento nas quais ele deliberadamente mentia sobre o uso de drogas. Enquanto ele assistia às entrevistas antigas, era possível notar claramente seu pomo de Adão subindo e descendo conforme ele engolia durante esses momentos tensos.

Escondendo as mãos e os braços

Imagem: imgarcade.com

As pessoas frequentemente escondem suas mãos quando estão inclinadas a enganação. Elas posicionam as mãos atrás de si, nos bolsos ou sobre alguma coisa (como uma mesa). Elas também tentam apertar as mãos em uma tentativa subconsciente de fazer seus corpos e mãos menores. Além disso, tenha em mente que as pessoas algumas colocam as mãos nos bolsos apenas porque é confortável. Como sempre, o contexto é a chave para desvendar enganação. A imagem foi tirada quando eles estavam tendo um caso, eles negaram, mas pela imagem você pode adivinhar a verdade.

Para detectar mentirosos na vida real, detectar essas pistas irá ajudar você a majoritariamente pegar as mentiras de mentirosos novatos e amadores. Aqueles que mentem religiosamente são uma história diferente.

Conclusão

Obrigado novamente por baixar esse livro! Eu espero que ele tenha ajudado você a entender as mentiras das outras pessoas.
O próximo passo é usar o que você aprendeu aqui e relê-lo para manter as ideias frescas na cabeça.

Por fim, se você gostou do livro ou ganhou algo através dele, eu gostaria de pedir um favor. Você poderia, por favor, tirar um tempo para compartilhar sua opinião e postar uma *review* deste livro na Amazon? Sua opinião será muito bem-vinda e será usada para melhorar esse livro e torná-lo melhor para todos os leitores!
Obrigado e boa sorte!

Parte 2

Introdução

Comunicação é uma parte essencial do nosso dia-a-dia. Você precisa falar com um vendedor para comprar alguma coisa que você queira. Você precisa se apresentar na frente da turma para cumprir com suas tarefas e conseguir notas melhores. A comunicação é o que faz a vida ser mais facilmente compreendida e o ajuda a expressar o que você tem em mente.

Há dois tipos diferentes de comunicação, a comunicação verbal e a comunicação não verbal. A comunicação verbal é o tipo de comunicação em que indivíduos usam a fala como meio de compartilhar informações.A comunicação não verbal, por outro lado, é um tipo de comunicação em que dicas não verbais são utilizadas para transmitir informações que, frequentemente, podem ser confusas.

A linguagem corporal é um tipo de comunicação não verbal em que gestos corporais são utilizados para se transmitir informação a outras pessoas. Às vezes um simples aperto de mão pode significar para alguém calorosas boas-vindas. Um simples acenar com a cabeça pode indicar consentimento com uma afirmação. Esses são apenas alguns exemplos de uma linguagem corporal simples com a qual nós nos encontramos diariamente.

Certas linguagens corporais podem ser bem difíceis de se entender, pois podem enviar vários sinais quando são feitas. Tenha em mente que as pessoas não têm noção de que podem estar sinalizando mensagens ofensivas para outras pessoas devido aos seus inconscientes. Este livro o ajudará a entender um significado mais profundo da linguagem corporal e como usá-la em sua vantagem.

"Ações Falam mais Alto do que Palavras"

Essa é uma expressão idiomática para quando uma pessoa diz algo, mas age de outra maneira. E é bem verdade que, na maioria das vezes, dizemos coisas, masnossos corpos discordam das nossas bocas.

Essa é a razão pela qual algumas pessoas têm dificuldades em entender as outras, especialmente se uma não é tão expressiva quanto a outra. Você mesmo precisa descobrir onde você se encaixa nisso, o que, muitas vezes, pode ser uma tarefa muito confusa e frustrante. Hoje em dia, com a ascensão de gadgetscomo celulares e computadores, ficou muito mais fácil se comunicar com outras pessoas.Porém, está muito mais difícil de se entender a comunicação corporal devido ao aspecto impessoal das redes sociais.

Você deve estar se perguntando, como você conseguiria entender uma pessoa se ela apenas fosse embora sem dizer uma palavra?Como você descobriria se ela estava irritada ou feliz se ela não falou nada?Nem todas as pessoas conseguem falar sobre suas emoções, principalmente homens, porque eles vêm isso como uma fraqueza. Isso é o que você descobrirá ao continuar lendo este livro.

Nossa Mente Fala

Quando dizemos que nossa mente fala, não estamos nos referindo à telepatia, em que você pode ler a mente dos outros, mas sim à simples realidade de que é a nossa mente que trabalha para construir ideias e conceitos que ela comunica através de diferentes meios, como a fala, a escrita e gestos corporais.

É muito mais fácil de entender uma pessoa quando ela expressa verbalmente o que ela quer dizer, o desafio de verdade aparece quando uma pessoa não tem a coragem para dizer o que ela tem que dizer e, ao invés disso, usa gestos com as mãos para lhe dizer para parar com o que você está fazendo.

Há uma verdade que sempre nos força a considerar os sentimentos das pessoas antes que falemos algo para elas. As pessoas escutam aqueles que conhecem seus sentimentos, que as entendem e alcançam uma parte íntima delas que as permite abrirem suas mentes e entenderem cada palavra dita a elas.

Nossa mente sempre faz esse processo de filtrar cada ideia que aparece nela. Ela sempre buscaa verdade, mas sempre considera o impacto para o outro que a ouvirá. Essa é a razão pela qual nós não podemos dizer tudo o queremos dizer, mesmo que seja verdade, porque, muitas vezes, a verdade machuca.

Nossa mente deve se expressar de um modo mais sutil e que não deixe os outros tristes. Ao invés disso, ela usa o nosso corpo para transmitir a mensagem para alguém de quais são as informações de que a pessoa precisa saber. Diferentemente da maneira normal de se interpretar informações, que é escutando, nossa mente interpreta mensagens corporais através de informações relacionadas, isto é, quando ideias próximas são associadas ao que a pessoa é exposta.

Comunicação não verbal

A comunicação não verbal é frequentemente associada com gestos que carregam um significado simples, que qualquer um conseguiria entender. Um simples sorriso significa uma expressão de alegria. Fazer beicinho significa aborrecimento ou dessatisfação. Esses gestos simples são mensagens muito simples de serem entendidas, porém há ideias comunicadas pela nossa mente expressadas por gestos mais complexos, gestos mais difíceis de se entender.

Esse princípio também se aplica para o caso de pessoas que querem transmitir mensagens através de ideias difíceis de expressar. Eles usam a linguagem corporal para mostrar que a mensagem que eles querem transmitir é algo que requer uma compreensão extra.

As emoções, por outro lado, são conhecidas por serem expressas em movimentos corporais sutis, dependendo da intensidade da emoção a se expressar. Expressões faciais são manifestações comuns de emoções. Essas expressões descem o corpo conforme as emoções se intensificam. Por exemplo, observe alguém que não aguenta mais de tanta raiva; primeiramente, essa pessoa expressa isso em seu rosto, depois, conforme a raiva se intensifica, os braços da pessoa ficam mais firmes e, por fim, a pessoa cerra os punhos.

A comunicação não verbal é essencial em nossas interações diárias. Ela nos dá atalhos para nos expressarmos de uma maneira que exija poucas palavras e pouca explicação para outras pessoas. Conforme avançarmos neste livro, você descobrirá o significado mais profundo de porque nós fazemos as coisas que fazemos e porque certas coisas são feitas de uma maneira que nós não entendemos.

Capítulo 1: O Poder da Atenção

A atenção é algo sobre o que todo mundo precisa entender. Apesar disso, há muitos fatores que podem afetar a atenção de uma pessoa. Geralmente, a atenção é conectada com a curiosidade e os interesses.

Uma pessoa demonstra interesse por outro quando dá sua atenção a ele. Leva tempo e foco para se dar atenção suficiente a uma pessoa. Dar atenção à alguém requer concentração o suficiente para produzir compreensão, logo a falta de concentração implica em falta de interesse, o que resulta na perda da atenção. Os fatores essenciais que mostram o nível de atenção são os seguintes: postura, contato visual e gestos com mãos e braços.

 Aqui vão alguns dos exemplos concretos e suas interpretações para determinar o nível de atenção de uma pessoa.

Na ilustração abaixo, você vê pessoas que não estão prestando atenção. Pessoas que não estão interessadas não se importam com suas posturas, ficando, em sua maioria, em posições ruins ou relaxadas. Além disso, a falta de contato visual e bocejos são claros indicativos de tédio ou sono.

Na ilustração, você pode claramente ver quem está prestando atenção e quem não está. Novamente, a postura mostra tudo; o inclinar da cabeça significa falta de interesse e demonstra tédio.

Ouvir é uma parte essencial de prestar atenção. Pessoas que claramente demonstram falta de interesse não expressam nenhuma disposição sobre ouvir a outra.Nesse cenário, a pessoa pode demonstrar interesse pela pessoa com quem ela está falandoinclinando sua cabeça em direção a ela e olhando com atenção para a pessoa à sua frente. A cabeça inclinada na direção da pessoa que está falando é o principal sinal de concentração e atenção.

Essas são algumas maneiras de como melhorar sua habilidade em prestar atenção e também de como conseguir a atenção dos outros. A melhor maneira de conseguir a atenção de alguém é chamando a pessoa pelo nome. Nomes são instrumentos poderosos para conseguir a atenção de alguém. Se ainda por cima você usar gestos com as mãos e os braços, isso irá sinalizar fortemente para a pessoa que você precisa da atenção dela no dado momento.

Atenção também é necessária para se conseguir o que quer. Pessoas que sabem como capturar a atenção dos outros são mais suscetíveis a conseguir o que elas querem dos outros. Nesse capítulo, você aprendeu como saber se alguém está interessado no que você está dizendo ou não. Além disso, também vimos que se manter interessado é a chave para conseguir a atenção dos outros por quanto tempo você quiser.

Capítulo 2: Postura

Postura é a maneira com a qual você sustenta seu corpo seja de pé ou sentado. A postura pode dizer muito sobre você. O modo como você projeta o seu corpo influencia muito na maneira como as pessoas lhe tratarão. No Reino Animal, uma postura curvada significa submissão, enquanto uma postura ereta significa agressividade. Animais têm esse mecanismo de defesa em que eles mostram as costas a seus predadores para demonstrar desdém a eles. O mesmo acontece com os humanos, nós somos programados com um instinto sobre nossas posturas.

Quando nós somos jovens, nós frequentemente estamos em uma posição inferior a dos nossos pais, logo, uma postura ruimé comum entre crianças. Como uma forma de submissão, crianças com uma autoimagem negativa frequentemente tem uma postura muito ruim, curvada, o que representa a submissão e suas inseguranças.

O desenvolvimento da personalidade está de mãos dadas com a postura. Adolescentes frequentemente apresentam uma postura relaxada que transmite rebeldia ou superioridade. Eles adoram se inclinar para trás como um sinal de falta de interesse em relação a autoridades, principalmente, a seus pais. Atenção e postura também andam de mãos dadas, já que o corpo reage ao objeto de interesse.Uma pessoa que está interessada no que o professor está dizendo, pode ser vista se inclinando para frente, enquanto, se ela não estiver interessada, irá se inclinar para trás.

Em festas podemos facilmente ver a personalidade das pessoas através de suas posturas. Uma pessoa que está sempre sentada, apesar de os outros convidados estarem de pé, expressa tédio. Quando você aborda alguém e essa pessoa se inclina para trás, isso significa que essa pessoa não gosta que você esteja lá. Se ela se inclinar para frente, significa que ela está interessada.

Quando os seus superiores anunciam alguma coisa que desaponta os outros, essas pessoas frequentemente se inclinam para frente como sinal de desapontamento. Ficar em pé é um sinal de dominância. Um homem estufando seu peito expressa superioridade e dominância. Grandes oradores, como Júlio César, são conhecidos, é claro, por suas habilidades em discursar, porém também por suas posturas ao discursar. Nós somos programados a ficarmos em pé, em posição ereta, quando nós nos sentimos confiantes, e com as mãos no estômago, em posição fetal quando nos sentimos ameaçados. Ficar em pé atrás das pessoas é um sinal de complexo de inferioridade, enquanto ficar em pé na frente significa o oposto. Se inclinar para os lados expressa estresse e exaustão. Se escorar na parede de repente significa que a pessoa sente uma aflição muito grande. Se inclinar forçosamente para frente significa urgência para resolver um assunto. Se sentar de repente significa choque e se levantar de repente significa agressividade.

Posturas são a chave para controlar a sua imagem e passar a ideia para todos de que você é confiante, sabe o que quer e pode fazer qualquer coisa porque você confia em suas habilidades, o exato oposto de pessoas inseguras. Deixe que sua postura diga o que você quer que os outros escutem.

Capítulo 3: Expressões faciais

A sua face é a primeira coisa que a outra pessoa vê quando você se comunica com ela. Pessoas investem em "melhorar" seus rostos para ganhar mais autoconfiança. Na maioria das vezes, confiança é forjada através de uma expressão facial genuinamente verdadeira.

Todos os dias nós encontramos diferentes tipos de pessoas que fazem diferentes caras o tempo todo. Alguns sorriem. Outras parecem zangadas, o que afasta as pessoas. Outras simplesmente fazem cara de confiante para impressionar seus superiores e ganhar reconhecimento e a confiança deles. Não importa que cara você faça, ela claramente mostrará o que se passa na sua mente.

A sua Cara Diz Tudo

Quanto mais sincera for a expressão facial de uma pessoa, mais sua mente lhe dirá que essa pessoa é sincera com suas palavras. Nossas mentes sempre buscam a verdade, e a face sempre entrega se alguém a está dizendo ou não.

Há uma regra geral de que sua face não consegue esconder as coisas, ela se expressa de uma maneira em que fica fácil reconhecer as emoções estão envolvidas. Há uma grande variedade de emoções, logo há uma grande variedade de expressões faciais também.

Os famosos emojis são a caracterização de diferentes expressões faciais. São a representação de alguns dos padrões que a face reproduz quando se expressa. Há expressões faciais facilmente reconhecíveis, mas que tem traços difíceis de notar.

A seguir, estão algumas Expressões Faciais Básicas que você pode encontrar:

Alegria

Essa imagem mostra a expressão facial básica da alegria. Um sorriso, pés-de-galinha ao lado dos olhos e bochechas estufadas, movimentando os músculos ao redor dos olhos.

Alegria é uma expressão de felicidade e outras emoções positivas. A maioria das pessoas que fazem um sorriso falso não mostram movimentos ao redor dos olhos.

Raiva

Em uma expressão de raiva, geralmente, as sobrancelhas se aproximam, os olhos parecem maiores e até mais brilhantes, e ou a boca se abre muito ou os lábios se retraem.

A raiva é, geralmente, fácil de ser detectada, pois ela usa a maioria dos músculos da face para ser expressada, além de vir acompanhada do uso de uma voz mais alta.

Tristeza

Na tristeza, as características são sobrancelhas caídas, perda de foco nos olhos e cantos dos lábios levemente caídos. Chorar é uma expressão muito comum de tristeza.

Surprise

A surpresa, geralmente, é caracterizada por expressões rápidas, que podem ser olhos arregalados, sobrancelhas levantadas e boca aberta. Essa emoção é comum para eventos repentinos, inesperados, para os quais uma pessoa não está preparada.

Desprezo

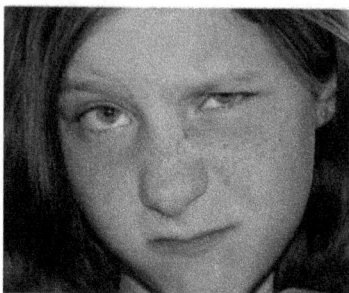

Desprezo é a expressão de não gostar de alguém. Ele é demonstrado quando uma pessoa levanta apenas uma das sobrancelhas e o canto de apenas um dos lados dos lábios.

Pessoas que expressam esse tipo de expressão facial geralmente acham que outras pessoas têm o que merecem

Medo

O medo é uma expressão de perigo imediato. Ele geralmente faz com que a pessoa levante e aproxime as sobrancelhas, arregale os olhos, e estique os lábios em direção às orelhas.

Pessoas que expressam medo geralmente pensam que elas estão em perigo imediato e precisam fugir de uma dada situação, o que acontece como uma resposta automática.

Aversão

A aversão é um sentimento de profunda repulsa por outra pessoa, coisa ou ocasião. Normalmente, ela é expressada por um nariz franzido e o lábio superior levantado. Pessoas que estão com nojo frequentemente mostram isso em seus rostos, fazendo expressões de desgosto e repugnância.

Seu rosto entrega todas as emoções que você sente em determinado momento. Um rosto tenso, cansado, mostra ansiedade e preocupações. Quanto mais relaxado está seu rosto, mais agradável é a emoção que você está sentindo. Emoções fortes ficam claras, pois a pessoa apresenta uma vermelhidão, os músculos ao redor da bochecha tensionados e os lábios enrijecidos.

Os Olhos são as Janelas da Alma

Esse velho ditado fala a verdade sobre nossos olhos. É verdade que seus olhos não conseguem mentir e que mostram as emoções mais verdadeiras que você está sentindo, mesmo que seu rosto diga outra coisa. Seus olhos são capazes de se conectar às mensagens que sua mente quer transmitir.

A razão por trás disso é que os olhos são a única ferramenta que permitem dizer se algo é real ou não. Objetos imaginários, como unicórnios, são imagens conceituais e não imagens perceptivas. Isso significa que esses objetos podem ser verdadeiros em nossas mentes, mas não no mundo real, porque eles não são percebidos pelos nossos olhos.

Os olhos revelam as perturbações interiores de uma pessoa, já que mostram as emoções mais verdadeiras na maioria do tempo. Pessoas que têm algo a esconder não conseguem olhar nos olhos da outra, porque isso claramente mostrará a verdade oculta. Essas pessoas geralmente olham para baixo para evitar contato visual. Quando ela olha para cima, é porque está buscando uma lembrança.

A regra geral é que quanto mais a emoção se intensifica, mais penetrantes ficam os olhos. Os olhos tendem a se focar no objeto dessas emoções, criando um efeito de túnel. Observe uma pessoa que está com muita raiva; ela olhará para o objeto desse ódio cada vez mais perto e cada vez mais incisivamente, para expressar sua raiva sobre o objeto em questão.

As sobrancelhas têm um papel importante em transmitir ideias. Uma sobrancelha levantada indica que há algo em desacordo com uma pessoa ou situação em particular. As duas sobrancelhas levantadas indicam uma mensagem importante que precisa de atenção imediata. Uma sobrancelha abaixada indica suspeita e desconfiança sobre algo que a outra pessoa disse.

Os olhos expressam principalmente atenção. Focar sua visão em um objeto em particular, significa interesse. Quando você olha para alguém e a pessoa não olha de volta, isso significa que ela não quis dar atenção a você e que há uma falta de interesse.

Os Lábios não Mentem

Os movimentos da boca também são um fator chave do comportamento humano. Pessoas que têm o hábito de mascar chiclete são mais propensas a apresentar problemas de fixação oral, como transtornos alimentares, abuso de substâncias e mentir patologicamente.

Mentir é uma arte difícil de se dominar a fundo. Como nós podemos saber se uma pessoa é sincera com o que está dizendo? Verdades sempre são fáceis de serem ditas. Espontaneidade é o sinal de que a pessoa está dizendo a verdade; a sinceridade nas palavras de alguém sempre tem impacto na veracidade delas. Enquanto isso, informações falsas sempre demoram para serem processadas, pois precisam de tempo para esconder a verdade.

Uma pessoa que está mentindo não consegue olhar nos olhos da outra pessoa, porque a mente dela fica constantemente tentando achar ideias para esconder a verdade. Os olhos são receptivos a ideias.

Pensar está fortemente associado com movimentos corporais como levantar os olhos para procurar ideias. Mentir requer pensamentos elaborados, logo também requer movimentos corporais.

Chupar o dedo é um dos sinais de mentira, é uma resposta inconsciente à incerteza, que leva a pessoa a trazer à tona hábitos infantis de fixação oral. Isso traz um sentimento de segurança para a pessoa. Logo, uma pessoa que está mentindo às vezes tenta chupar o dedo.

Sorriso

Dizem que usamos poucos músculos para sorrir. Isso só significa que é muito mais fácil expressar emoções boas do que ódio e raiva. Nosso corpo tende a ficar mais relaxado quando estamos experienciando emoções boas, mas fica mais tenso quando experienciamos emoções fortes como a raiva.

Pessoas que frequentemente sentem dor e agonia tendem a ter músculos mais tensos, mostrando caras mais tristes e olhos abaixados. Seus rostos ficam um tanto melancólicos enquanto essas emoções ruins dominam suas expressões faciais. É muito mais fácil expressar alegria e felicidade por um sorriso do que tristeza. Na psicologia, sorrir indica submissão e receptividade. Quando alguém está sorrindo para você, você é mais receptivo àquela pessoa, pois é assim que nossas mentes respondem a sorrisos. Nosso cérebro sabe como detectar sorrisos falsos, pois foi programado para isso para nossa sobrevivência.

Esses são alguns dos tipos de sorriso que você pode observar e seus significados:

Sorriso com os lábios cerrados

Nesse tipo de sorriso, em que os lábios cerrados formam um sorriso que vai de ponta a ponta no rosto das pessoas, os dentes não são mostrados. Ele indica que a outra pessoa tem segredos que ela não quer compartilhar com você. Esses segredos também podem ser uma forma de rejeição, já que há coisas que as pessoas não contam para não ferir os sentimentos da outra.

Observe os sorrisos de pessoas bem-sucedidas em revistas. Eles têm aquele tipo de sorriso que diz que eles têm segredos do que os fazem bem-sucedidos e não têm intenção nenhuma de conta-los para o resto do mundo. Pessoas que sabem de algo que lhes dá alguma vantagem, geralmente também sorriem dessa maneira.

Meio sorriso

É o sorriso em que a pessoa sorri apenas com um lado da boca. Ele geralmente significa sarcasmo. Nós podemos encontrar muitas pessoas sorrindo desse jeito para zombar de outras, inclusive podemos identificar se uma pessoa está zombando de nós. Esse sorriso demonstra apenas aversão à outra pessoa.

Sorriso de cair o queixo

Esse é um sorriso que seguidamente vemos sendo usado pelo Coringa. O maxilar da pessoa desce enquanto a pessoa apresenta um sorriso falso. Esse sorriso é usado para demonstrar prazer e disposição. Esse sorriso é conhecido por ser usado especialmente por políticos.

Nesse capítulo, aprendemos algumas das verdades básicas sobre o comportamento que se manifesta através dos rostos. Mesmo que a gente não admita, nós estamos sempre tentando ter certeza de que nosso rosto está agradável para os outros, colocando muito valor na face. Não tem nada de errado com isso, mas há coisas que nenhuma maquiagem consegue esconder, e isso é que o seu rosto é o bastante para melhorar ou arruinar o dia de alguém.

Capítulo 4: Gestos com as mãos

As mãos são partes poderosas do nosso corpo que expressam diferentes mensagens dependendo de como nós as usamos. Através das diferentes culturas ao redor do mundo, há diferentes maneiras de se cumprimentar alguém; alguns apertam as mãos, enquanto outros as cobrem.

As mãos são muitas vezes usadas para transmitir mensagens sobre coisas que estão dentro do alcance da conversa ou para dar direções. Quando alguém nos pede pão, nós ou apontamos para a padaria, ou estendemos a mão para dar o pão, ou mostramos nossa palma para dizer que não há nada que possamos fazer.

Linguagem de sinais

Para pessoas deficientes auditivas, usar sinais com as mãos são uma parte essencial da comunicação. A linguagem de sinais também pode ser usada para se comunicar com outras pessoas surdas ao redor do mundo. A universalidade da linguagem de sinais faz possível com que todas as pessoas deficientes auditivas consigam se entender.

Alguns gestos simples, como cumprimentos, são derivados, em sua maioria, da primeira letra da palavra que indicam. Se observada de perto, a língua de sinais básica é mais uma representação imagética da palavra que eles querem transmitir.

Não são apenas os deficientes auditivos que podem se beneficiar da beleza da língua de sinais. Há uma língua de sinais básicas que nós encontramos no nosso dia-a-dia, por exemplo, uma mão, perto do peito, apontando para o coração muitas vezes significa arrependimento e perdão.

Pegar com a mão

Nossas mãos muitas vezes são usadas para segurar alguém ou alguma coisa. A maneira como você segura alguém deixa uma impressão forte sobre suas intenções. Na maioria do tempo, a intensidade de suas emoções reflete na sua capacidade de segurar em algo, logo, quanto mais forte a pegada, mais intensas são as emoções envolvidas.

Comportamentos agressivos transparecem pela mão. Pessoas que têm tendência de serem agressivas provavelmente vão segurar coisas de uma maneira mais intensa do que aquelas que não têm. A agressividade geralmente é expressada por gestos com o punho cerrado, enquanto, por outro lado, pessoas mais passivas e pessimistas têm a tendência de esconder as mãos ou o hábito de roer as unhas. Essas pessoas mostram um grande número de inseguranças em suas personalidades que podem fazer delas menos acessíveis. As mãos delas viram uma válvula de escape de repressão sexual e maneirismos destrutivos, fazendo delas pessoas difíceis de se lidar.

Gestos com as mãos abertas indicam uma mente aberta e aceitabilidade. Pessoas que estão dispostas a cooperar com outros por exemplo, geralmente gesticulam com a mão aberta e estão mais sujeitas a aceitar sugestões do resto do grupo.

Toque

O toque também é um fator importante dos gestos com as mãos. Quando alguém toca você no ombro, isso provavelmente significa segurança e confiança nas suas habilidades. Empurrar o peito de alguém, significa agressividade, enquanto empurrar as costas, significa motivação. Tocar a própria orelha, significa que a pessoa está pensando em uma desculpa para algo. Esfregar as palmas das mãos significa esperar que algo positivo aconteça, por exemplo, uma pessoa que esfrega as mãos antes de jogar os dados na mesa está esperando resultados positivos. Os gestos de esfregar as mãos são normalmente usados por vendedores enquanto descrevem seus produtos. Eles mandam a mensagem de que eles estão esperando que algo bom aconteça. Se a resposta do comprador for esfregar as mãos também, ele também está esperando comprar algo bom.

Esfregar o dedão e o dedo indicador significa expectativa de ganhar dinheiro. É como se fosse esfregar o dedão contra uma moeda esperando dinheiro de alguém. Lembre-se de nunca usar esse gesto com clientes, pois isso dará uma impressão negativa.

Juntar as mãos entrelaçando os dedos significa frustração. É comum ver pessoas juntando as mãos dessa maneira em situações em que a pessoa espera ser atingida pela sorte. Há três posições para esse gesto: a mais alta, geralmente na frente do rosto; a central, geralmente próxima ao estômago; e, por fim, a mais baixa, na área da virilha. Essas posições indicam o tamanho da frustração, sendo a posição mais alta o nível mais alto de frustração.

Juntar as mãos sem entrelaçar os dedos, apenas tocando a ponta dos dedos, é visto nas relações entre superiores e subordinados. É normalmente usada pelos superiores na hora de dar instruções aos subordinados. Não é o gesto ideal se você quer ser persuasivo, porque esse gesto sugere superioridade e o faz parecer mais mandão.

Escorar o rosto nas mãos é um gesto para capturar a atenção de um homem. Essa posição é feita quando você escora o queixo sobre as mãos, apresentando sua face. É como se você estivesse apresentando sua face para o homem admirar.

Segurar as mãos atrás das costas significa autoridade e superioridade. Esses gestos são normalmente vistos em pessoas que exercem autoridade, que olham para os outros de cabeça erguida. Enquanto isso, segurar o punho atrás das costas significa frustração. Quanto mais para cima no braço for essa pegada, maior é a frustração.

Dedos

Os dedos também podem mandar mensagens para as outras pessoas. Apontar o dedo para alguém significa um ato de agressividade. Apontar ele para cima significa autoridade intelectual. Observe pinturas de grandes intelectuais como Platão e Aristóteles; eles sempre são retratados com o dedo indicador para cima como sinal de sabedoria.

Apontar os dedos para baixo significa segurar a raiva. O ato de se acalmar é normalmente associado com contar, logo, apontar os dedos para baixo significa acalmar os ânimos. Levantar o polegar significa concordar com alguém e tocar o dedo anelar significa problemas de comprometimento.

Os dedões são sempre associados com superioridade. Gestos como colocar as mãos no bolso com os dedões para fora são uma expressão de confiança. Segurar as alças da mochila expondo seus dedões também pode ser visto como um ato de dominância e confiança, mas segurar as alças mais em baixo, escondendo os dedões, significa frustração e insegurança.

Os dedões também podem ser usados para zombar de alguém, como quando, por exemplo, uma pessoa aponta para a outra com o dedão. Colocar as mãos nos bolsos de trás com os dedões expostos, significa esconder de alguém a dominância e projetar um falso senso de humildade.

Nesse capítulo aprendemos sobre o poder das mãos tanto para se expressar como para enviar mensagens poderosas. Agora você também é capaz de entender a significância dos gestos com as mãos como um meio de comunicação para todos.

Capítulo 5: Braços

Os braços muitas vezes são usados para demonstrar força e autoridade. Uma pessoa que está sempre de braços cruzados, demonstra impaciência e parece impor autoridade em relação à outra pessoa. Pessoas que não conhecem a importância dos braços na arte da comunicação, frequentemente colocam os braços ao redor de alguém sem saber que isso significa colocar dominância sobre alguém, causando constrangimento e desconforto.

Gestos com os braços abertos indicam abertura para outras pessoas. Um abraço frequentemente leva à reconciliação e a um aumento na intimidade, porque o poder dos braços, que indica aceitação, faz com que a segunda pessoa fique confortável com a primeira.

Na maioria das vezes, gestos com os braços e com as mãos só são utilizados quando há algo que você quer dizer de uma maneira rápida e direta. Os gestos fazem a função de chamar a atenção do interlocutor para problemas do momento.

Por exemplo, uma pessoa pode se recusar a dar esmola para um mendigo, mas, devido a persistência dele, a pessoa pode apontar para outras, indicando que o mendigo deve pedir esmola a elas e deixá-la em paz. Conforme a situação avança, mais gestos com as mãos (indicando mensagens imediatas) e com os braços (indicando autoridade) são utilizados para dizer para o mendigo ir embora.

Os braços também podem ser um sinal de força e suporte. Abraçar significa oferecer suporte e força para outra pessoa. Quando estamos reconfortando alguém, abraçar a pessoa é um ato de dar segurança à pessoa. Um abraço leve indica intimidade, e abraçar a si mesmo é um ato de proteção própria.

Alongamentos com os braços significam uma renovação na motivação da pessoa para o que ela está fazendo no momento.Segurar uma mão na outra indica mensagens diferentes dependendo do gênero da pessoa. Para mulheres, esse gesto significa atração e timidez por alguém, enquanto para homens, significa segurança, um senso de confiança enquanto se dirige a um público, por exemplo.

Alguns maneirismos inconscientes com o braço refletem o estado emocional da pessoa. Nervosismo é frequentemente expressado por tocar algo para distrair a tensão de estar encarando um medo. Pessoas que seguram os pulsos, por exemplo, estão tentando aliviar inseguranças e nervosismo.

Os braços podem ser usados como uma barreira, tanto para indicar superioridade como arrogância. De acordo com a Psicologia, cruzar os braços é um mecanismo de defesa contra intrusos e estranhos. É comum ver esse gesto em pessoas que se consideram entre estranhos.

Esse gesto de isolamento causa um efeito prejudicial entre as pessoas que o fazem e que o veem. As pessoas que o fazem podem ver esse gesto como um gesto de conforto, mas para os outros, ele é visto como um gesto de arrogância e desrespeito. A solução para os maneirismos é sempre conter eles quando você sente vontade de fazê-los.

Capítulo 6: Movimente-se

As pernas, assim como os braços, podem revelar muito sobre a natureza de uma pessoa. Você pode entender o estado mental de uma pessoa pela maneira que elas usam as pernas no decorrer de uma conversa, ou até quando elas estão apenas sentadas, ouvindo você.

Quais são esses sinais? Neste capítulo. nós veremos como há diferentes conotações possíveis para o jeito com que as pessoas usam as pernas.

Foi ninguém menos que Albert Einstein que disse, "As pernas são as rodas da criatividade". Ele poderia, do mesmo jeito, ter dito que as pernas são as rodas da comunicação não verbal, já que as pernas muitas vezes vão comunicar o que as pessoas não estão dizendo.

Muito foi escrito sobre a linguagem corporal, e a maioria deste conhecimento está disponível para todos. Enquanto muitas pessoas vão tentar observar e interpretar a linguagem corporal dos outros, muitas outras estão conscientes da própria linguagem corporal e vão tentar controlá-la. Mesmo assim, a maioria delas vai se concentrar na parte de cima do corpo; elas vão tentar controlar as expressões faciais e vão estar muito cientes do que estão fazendo com as mãos, mas vão esquecer completamente das pernas. Se as pernas e a parte de cima do corpo estiverem em conflito, é um sinal claro de que a pessoa está tentando controlar a própria linguagem corporal.

Interpretar a linguagem corporal não é uma ciência exata. Indivíduos reagem de maneiras diferentes, assim como culturas diferentes expressam coisas diferentes com diferentes movimentos. Você pode, no entanto, observar alguns sinais muito difundidos. Se um homem balança enquanto caminha, frequentemente isso é um sinal de confiança. As mulheres às vezes vão caminhar balançando levemente os quadris, o que pode ser um sinal de flerte.

Há duas maneiras de se analisar as pernas de alguém, se a pessoa estiver em pé ou se ela estiver sentada. É normal para um homem ficar de pé com as pernas abertas na distância dos ombros. Se as pernas dele estiverem mais abertas do que isso, é um sinal de confiança. Uma pessoa em pé com as pernas abertas faz isso na tentativa de fazer o corpo parecer maior e, logo, mais poderoso. Essa posição também ocupa mais território e demonstra dominância. Se uma pessoa fica em pé com as pernas juntas, ou com as pernas menos abertas do que a distância entre os ombros, isso é um sinal de ansiedade e sentimento de inferioridade. Ela está tentando se esconder, sendo um menor alvo possível.

Quando alguém senta com as pernas cruzadas, isso pode indicar ou que a pessoa não acha você bem-vindo ou que ela tem uma mente fechada. Fazer alguém descruzar as pernas é um sinal claro de que a pessoa está se abrindo para você. Mas lembre-se que uma mulher sentada com as pernas cruzadas não necessariamente indica que ela não acha você bem-vindo, pois essa é uma postura muito comum para mulheres, ainda mais quando elas estão usando saias ou vestidos curtos. Se os joelhos dela estiverem em sua direção, isso mostra que ela está receptiva. No entanto, se os joelhos estiverem apontados para outra direção, isso indica que ela está desconfortável com você e que ela quer sair de onde está.

Desça um pouco além das pernas e olhe para os pés. Se os pés, ou mesmo um só pé, de alguém estiver apontando para você, isso significa que a pessoa está confortável com sua presença. Se os pés apontam em outra direção, isso significa que a pessoa está prestes a ir embora.

Capítulo 7: Como Pegar um Mentiroso

Uma das principais razões pelas quais as pessoas querem aprender a arte de ler a linguagem corporal é para se proteger da desonestidade. Tantas pessoas ao nosso redor são tão boas na arte de mentir, que enganar os outros já até virou negócio. Há a possibilidade de perdermos muitas coisas (inclusive dinheiro), se virarmos vítimas de mentirosos ou pessoas que querem tirar vantagem de nós.

Há diferentes graus de mentira. Há o pequeno ajuste de uma verdade (mentira branca), o evitar de um problema (ocultação da verdade), e a mentira maliciosa (que manipula o fato para ele parecer mais do que é). Nós gostamos de pensar que somos bons em ver se alguém está mentindo, ou pelo menos, se uma pessoa que é próxima de nós está mentindo. O fato é que a maioria das pessoas conta pelo menos uma mentirinha todos os dias sem nem pensar. Este capítulo vai lhe ensinar para o que olhar quando você está procurando pela verdade.

Algumas pessoas odeiam tanto os mentirosos que elas têm dificuldade em acreditar nas pessoas mesmo quando há muitas provas de que algo é verdade. Essas pessoas desenvolvem uma crença de que ser crítico com tudo é muito melhor do que ser enganado. Normalmente, as mentiras começam quando nós somos novos e temos medo de sermos punidos. Esse é um mecanismo de defesa contra o que pode nos prejudicar, logo, é uma maneira de nos protegermos. Nossa mente está sempre alinhada dizer a verdade, então nosso corpo acaba mandando muitos sinais se estamos mentindo. Alguns desses sinais são:

Olhos

Os olhos são uma das regiões mais expressivas de nossos corpos. Aprender a ler as mensagens não verbais transmitidas pelos nossos olhos pode lhe dar uma boa vantagem quando você quer analisar a linguagem corporal de alguém. Então, o que exatamente você deve procurar nos olhos da pessoa para saber se ela está mentindo?

Sobrancelhas

As sobrancelhas geralmente estão em sincronia com nossos olhos quando dizem a verdade. Elas levantam quando estão falando algo com sinceridade e convicção. Mas sobrancelhas abaixadas indicam que a pessoa está tentando esconder algo, cobrir os olhos para as pessoas para quem a mentira está sendo contada.

Você deve ser cuidadoso com os julgamentos que faz quando uma pessoa abaixa as sobrancelhas. Algumas pessoas usam essa técnica para enganar os outros, tentando induzir simpatia da pessoa, e fazendo com que seja muito mais difícil detectar a mentira. Mas não se preocupe, há outras maneiras de detectar se alguém está mentindo.

Contato visual

Contato visual é algo que mentirosos compulsivos quase sempre tentam aperfeiçoar. Na verdade, a linguagem corporal em geral é algo sobre o que muitos mentirosos de primeira classe sabem muito, então você pode acabar sendo enganado mesmo que você esteja procurando por sinais da mentira.

Para pessoas que não são mentirosos profissionais, o contato visual pode ser um tanto complicado. Muitos dos mentirosos – especialmente os mentirosos desafiadores, que sabem que têm culpa, mas também sabem que você não pode provar isso – irão segurar o olhar por muito tempo, quebrando sua concentração e lhe convencendo da inocência deles. É a forma deles de se esquivar da culpa e virar a mesa dizendo "como você ousa duvidar de mim?". Um mentiroso que tem vergonha do que fez, por outro lado, não conseguirá encarar você por mais de três segundos.

Pupilas

Mentir faz coisas interessantes com o corpo. Quando uma pessoa sabe que está sendo desonesta (e se sente mal por isso ou está preocupada em ser pega), seu corpo reage com a aceleração do ritmo cardíaco, respiração ofegante, e aumento da pressão sanguínea – todas essas, reações humanas para o medo, ou para a reação de lutar ou fugir.

As mudanças físicas que acompanham a mentira preparam a pessoa para fugir ou reagir com violência, e elas datam de quando nossos ancestrais ainda viviam em cavernas, ainda se defendendo de tigres dentre-de-sabre. Mas como essa informação se relaciona com os olhos? Bem, em um esforço para fazer da sua visão o mais afiada possível (para que você possa, teoricamente, detectar problemas em potencial) suas pupilas dilatam durante essa reação. Mentirosos podem parecer ter pupilas do tamanho de um prato, isso é, se você conseguir enxerga-las de tão grandes.

Posição dos olhos

Os mentirosos mantêm os olhos arregalados ou quase fechados? Isso depende da personalidade do mentiroso e se ele acha que vai se safar da mentira ou não. Contadores de meias-verdades profissionais (como vendedores) são muito cuidadosos em manter seus olhos abertos de uma maneira normal, para não parecerem muito ávidos (olhos arregalados) ou suspeitos (olhos quase fechados).

Alguém com poucas habilidades para mentir tem maior probabilidade de arregalar os olhos para dar ênfase a um ponto e tentar convencer você de sua inocência. Infelizmente, isso também pode ser um sinal de raiva ou nervosismo, então não é o sinal mais confiável.

Rosto vermelho

Para quem não sabe, um rosto vermelho é sinal de nervosismo e vergonha, e um sinal claro de mentira em mentirosos menos habilidosos. Essa resposta também está ligada com a reação química de lutar ou fugir, e acontece principalmente nas bochechas e pescoço, podendo se espalhar para as costas e o torso. Essa vermelhidão geralmente é mais visível em pessoas com a pele mais clara, então se o João é descendente árabe e a Maria recém voltou de um cruzeiro no Caribe, é pouco provável que você conseguirá os ver ficando vermelhos por causa da ansiedade.

Se coçando

Você pode pensar que um nariz vermelho seja uma indicação clara da culpa de alguém, mas você está errado. Mesmo que um nariz vermelho possa indicar ansiedade, raiva e oposição (todas reações de alguém que está escondendo a verdade), ele também pode ter sido causado por suas acusações à pessoa.

Isso quer dizer que você não deve levar o nariz em conta quando está tentando descobrir se alguém está mentindo? Ou o nariz guarda outros segredos? Se você fizer perguntas diretas a alguém e essa pessoa responda coçando o nariz, na verdade esse é um bom indicador de que ela está mentindo. Na verdade, qualquer tipo de coçada no rosto mostra que a pessoa está se sentindo ansiosa (lembre-se que se coçar serve para acalmar os nervos).

Uma coçada na boca – ainda mais quando uma pessoa está hesitando para responder – é uma grande bandeira vermelha. Ela é uma tentativa de bloquear as palavras não verdadeiras que estão prestes a sair da boca.

A cabeça

Um mentiroso usa a cabeça de maneiras muito peculiares. Por exemplo, se João está de pé na sua frente, dizendo que é inocente, e balançando a cabeça excessivamente enquanto fala, isso é um sinal de ansiedade e de que as coisas não estão bem com ele. Se ele permanecer em silêncio e mexer a cabeça para baixo ou para os lados, ele ou está tentando evitar contato visual, ou está pensando muito cuidadosamente na escolha de suas palavras, ambos sinais indicam que há algo de errado com ele. Se ele também colocar a mão atrás da cabeça ou do pescoço (outro exemplo de toque em si mesmo) isso indica nervosismo.

Os lábios não mentem

Uma das coisas mais interessantes que os mentirosos fazem é não controlar suas bocas. Isso na verdade é uma pista verbal, mas vale a pena ser mencionada. Shakespeare escreveu, "Parece-me que a dama faz protestos demasiados", e isso resume bem essa ideia. Quando alguém reage a algo pequeno falando sem parar, é óbvio que está tentando te convencer você de que é inocente, com o raciocínio falso de que qualquer um que se presta a se defender vigorosamente de uma pequena acusação deve ter uma moral muito elevada e, logo, deve estar profundamente ofendido pela sugestão de que fez algo errado.

O tom imperfeito

Há outros indicadores vocais de que uma pessoa não está sendo completamente honesta, e eles são todos efeitos colaterais da tensão. O tom da voz de uma pessoa pode estar desafinado – normalmente, uma afinação nervosa é aquela um pouco mais alta do que um timbre normal. Outro tique que vemos em mentirosos é tosse em excesso.

A entonação sempre pode ser relacionada com o ato de convencer os outros. Se a entonação for muita mais grave do que o normal, isso pode indicar que a pessoa que está falando com você não está convencida das próprias palavras. Se a entonação da pessoa está muito mais aguda do que o normal, o indicador é de nervosismo e de que a pessoa quer que as palavras dela sejam mais convincentes do que realmente são.

Os mentirosos sempre têm uma entonação mais aguda, pois eles precisam convencer a outra pessoa de que estão falando a verdade. Você pode facilmente detectar esse nervosismo na voz de uma pessoa. Mentirosos estão ansiosos por baixo de seus exteriores calmos. Eles não querem ser descobertos, não importa o tamanho da mentira. Ser pego por uma mentira branca é quase tão ruim quanto ser pego por uma mentira maior, pois são essas "mentirinhas" que fazem as pessoas se perguntarem o porquê de alguém mentir por algo tão pequeno. Enquanto isso, as grandes mentiras pelo menos tem o propósito de proteger a pessoa de consequências maiores. Não estou querendo dizer que você deve mentir nessas situações; a verdade o libertará – se não da prisão, pelo menos da ansiedade que o assombraria e seria demonstrada pelo seu comportamento.

Ainda falando da boca, o nervosismo pode transparecer nas áreas dentro e ao redor da boca. Apertar ou morder os lábios pode ser uma tentativa subconsciente de manter as palavras dentro de sua boca.

Mostrar a língua (uma ponta da língua, como se a pessoa estivesse lambendo os lábios) é um sinal de incerteza, uma maneira de indicar que a pessoa não sabe bem se o que está dizendo é verdade ou não. Alguns mentirosos vão abrir e fechar os lábios repetidamente, o que é apenas outro sinal do excesso de energia do nervosismo que eles estão tentando esconder.

A postura diz tudo

A vida seria fácil se os mentirosos dissessem a verdade – se enganar alguém matasse. Infelizmente, não é assim que a vida funciona, então você tem que achar outras maneiras de determinar se alguém está lhe dizendo a verdade ou lhe jogando um monte de lixo. Ler a postura corporal da pessoa em questão é outra ferramenta útil para o seu kit de detetive.

A postura do mentiroso é uma daquelas coisas é depende completamente do quão habilidoso é o mentiroso. Isso significa que você tem que procurar por padrões. Se você não conhece a pessoa bem o suficiente para determinar se ela fica em uma postura ruim só quando está nervosa ou se está sempre em uma postura ruim, só lhes restam outras pistas não verbais que a pessoa exibe.

Os braços protetores

Quando um mentiroso cruza os braços, eles ficam colados no corpo. Mãos escondidas (nos bolsos, por exemplo) são um sinal de enganação. Mãos expostas não têm nada a esconder. Políticos, por exemplo, sempre se esforçam para manter as mãos à vista. Cruzar os braços apertadamente acalma os nervos da pessoa, é como se ela estivesse dando um abraço em si mesma.

O ângulo certo

Como é de se esperar, o mentiroso ocasional frequentemente não fica de frente para a pessoa para quem ele está mentindo. Ele não consegue juntar coragem para lhe encarar, então ele se vira para um lado oposto, parcialmente ou completamente. Se virar para um lado diferente do que o que a pessoa está é uma maneira de evitar contato visual, pois é mais fácil mentir para alguém sem olhar nos olhos da pessoa.

É difícil de saber se alguém que você ama está mentindo para você. Admitindo ou não, confiança é algo difícil de se conseguir. Mentir é algo que nós sempre evitamos a todo custo, mas também é verdade que mentir pode ser uma forma de autoproteção. Por qualquer razão que seja, é importante saber os sinais de uma mentira para se proteger de ser enganado pelos outros.

Capítulo 8: Lidere

O principal aspecto da liderança é a comunicação. Grandes líderes como Mahatma Gandhi usavam gestos com as mãos próximas para enviar mensagens de gentileza e não violência. Oradores, discursistas e outras pessoas que gostam de se expressar através de diferentes gestos são, na maioria das vezes, confiantes e claros com a audiência, o que mostra poder e liderança.

Grandes líderes usavam a arte da linguagem corporal para influenciar outras pessoas a segui-los. Você já se perguntou por que as pessoas adoram imitar seus ídolos para expressar admiração por eles? A razão por trás disso é que elas acreditam que imitar os ídolos é o mesmo que seguir seus passos.

A principal marca dos grandes líderes é conseguir influenciar os ideais e hábitos de seus seguidores. Por exemplo, um supervisor no ambiente de trabalho que é conhecido por ser ótimo em resolver crises e também é um fumante ávido que gosta de sair com outros funcionários vai ter seus comportamentos não relacionados ao trabalho imitados por outros funcionários que têm admiração por ele.

Pode ser que esse caso não aconteça sempre, mas, na maioria das vezes, inconscientemente, nós adaptamos nossos hábitos e gestos para imitar aqueles das pessoas a quem nós admiramos. Celebridades locais e políticos são conhecidos por influenciar seus seguidores. Eles geralmente têm gestos usuais que os outros adoram imitar.

Você deve estar se perguntando como alguém pode ser um grande líder e influenciador ao mesmo tempo. É possível que qualquer um faça outras pessoas segui-lo? Sim, é possível. Para virar um grande líder você tem que saber como negociar com as pessoas. Sim, negociar é o segredo. Persuadir e fazer com que as pessoas acreditem em tudo que você diz é o primeiro passo para se tornar um líder. Grandes líderes são conhecidos por serem grandes negociadores. Eles sempre acham um jeito de acharem coisas em comum com aqueles que eles querem comandar.

A arte de negociar é simples, mas pode ser enganadora. Não são apenas as palavras certas para persuadir, é também a coleção de gestos imitados. Sim, isso mesmo: imitar os gestos é a chave do sucesso em negociações. Essa imitação envia sinais de adaptação à outra pessoa.

A camuflagem e a imitação de movimentos são duas armas muito usadas no reino animal como maneiras de sobreviver na natureza. Elas não apenas ajudam as presas a se protegerem de seus predadores, mas também fazem com que os animais que melhor usam essas ferramentas sejam, geralmente, os líderes do grupo. Está escrito em nosso DNA que os líderes são aqueles que melhor conseguem se adaptar.

Essas são algumas técnicas que você pode utilizar em negociações ou para influenciar alguém:

Olhos

Você está prestes a apresentar aos seus futuros investidores o produto que você acredita que será a sua maior possibilidade de exportação se a apresentação der certo. Você está tão nervoso que durante a apresentação você sempre olha para baixo, pois você não quer se distrair, mas, infelizmente, os investidores não ficam impressionados e recusam sua proposta.

O que aconteceu de errado com o exemplo acima? Geralmente as pessoas que querem convencer as outras devem manter contato visual o tempo todo, pois as pessoas procuram convicção nos olhos das outras. Aprenda a ler os olhos das pessoas com quem você está falando, especialmente se você está falando para um público.

É óbvio que você não vai conseguir olhar nos olhos de todo mundo, mas apenas a menção de olhar nos olhos deles já é como se você estivesse olhando nos olhos de cada um individualmente. Os olhos lhe conectam com a pessoa com quem você está conversando; eles dão foco para ambos. Mesmo que o outro não esteja olhando para você, aprenda a olhar diretamente para a pessoa, porque nós temos o instinto de sempre saber se alguém está olhando para nós.

Pessoas que não estão interessadas, geralmente ficam olhando em volta; elas procuram algo para se focar. Ganhe a atenção delas imitando-as. A imitação é a melhor maneira de chamar a atenção de alguém, e olhar em volta vai indicar para os outros que você está perdendo o foco, logo, vai chamar a atenção dessas pessoas.

No escritório, olhar para alguém com convicção envia a mensagem de que o que você está dizendo é urgente e exige atenção. Empregados odeiam as encaradas dos chefes, elas dão a impressão de que algo está errado e necessita de atenção imediata.

Expressão facial

A expressão facial abrange toda cabeça e é composta principalmente de gestos com a cabeça. Oradores e líderes gostam de imitar as expressões faciais dos subordinados para fazer com que eles sintam que estão recebendo a atenção que eles precisam para seguir tudo aquilo que eles disserem.

O simples gesto de sorrir fará os outros se sentirem bem-vindos e, logo, um seguidor em potencial. Políticos adoram sorrir em público para transmitir a aura de receptividade e boa liderança. Pessoas odeias indivíduos carrancudos, pois eles transmitem sentimentos desconfortáveis.

Um gerente que sempre sorri cria um ambiente leve e fácil de se trabalhar, além de um humor geral de receptividade e crescimento para todos. As expressões faciais podem ou lhe consagrar ou lhe arruinar como um líder. A receptividade das pessoas muitas vezes se baseia no tipo de expressão facial que você usa com elas.

A melhor maneira de fazer os outros se sentirem confortáveis sempre que você está por perto é aprender a adaptar a sua expressão facial para a mesma daqueles que você quer que lhe sigam. Desse jeito, eles sentirão que você é um líder que os entende, e não um chefe que está lá apenas para os fazer desconfortáveis.

Mãos e braços

Mãos e braços desempenham um importante papel em negociações e para influenciar os outros. Como foi dito no capítulo anterior, as mãos representam intimidade e conexão com outras pessoas, enquanto os braços significam proteção e força. Grandes líderes conhecem muito bem essas técnicas. Pessoas precisam sentir uma conexão com seus líderes para se sentirem importantes. Um simples aceno da Rainha Elizabeth, do carro dela, no meio de um desfile, já é o suficiente para fazer com que as pessoas se sintam importantes. Isso é verdade para qualquer líder no mundo, um simples aperto de mão sincero pode ser muito impactante para um subordinado. A razão por trás disso é que as mãos passam uma mensagem de conexão e sinceridade e, logo, são vitais para fazer com que os outros se sintam conectados a você.

O abraço é um poderoso gesto de intimidade. Líderes que gostam de abraçar os subordinados são vistos como justos e compassivos. Carregar crianças no colo e abraçar os mais velhos manda uma mensagem poderosa de amor e passa a imagem de um líder respeitável. Isso é um método comum para persuadir as pessoas a acharem que você é uma pessoa em quem elas podem confiar e que vai levá-las por um caminho de justiça e igualdade.

Liderar é difícil e exige muito talento e habilidade. As pessoas acabam aprendendo a realidade de que não é o suficiente apenas ser alguém que manda em todo mundo, mas é necessário ser alguém que conhece as necessidades básicas de cada indivíduo, tenha uma conexão com ele e os entenda. O uso da linguagem corporal em sua vantagem é crucial para persuadir os outros a segui-lo.

Capítulo 9: Linguagem corporal no trabalho

E se o seu emprego for confortável mas não estiver levando você a lugar nenhum? Você não é promovido, ninguém parece notar você ou suas contribuições, e você está começando a se perguntar se alguém notaria se você simplesmente não aparecesse no trabalho. Enquanto isso, seu colega está ascendendo como foguete na escada corporativa. Antes de você começar a apontar o dedo, dê uma olhada na linguagem corporal desse colega, talvez você possa aprender uma coisa ou duas com ela. Você pode pensar que é uma pessoa melhor que o seu colega, e talvez você até esteja certo, mas ser bom não é o que lhe leva adiante no mundo dos negócios – ser o melhor funcionário, sim. E, às vezes, você não tem nem que ser o melhor funcionário, você apenas tem que saber como projetar a imagem de que você é o melhor funcionário. De novo, voltamos para a importância de mostrar confiança e uma atitude positiva. Ande com o peito estufado. Sente ereto. Saiba como parecer que você está escutando os outros. Cultive um aperto de mão profissional. Olhe as outras pessoas nos olhos. Sorria. Todas essas dicas de linguagem corporal fazem você parecer mais interessante e aberto a aproximações – como alguém que está pronto para aparecer de repente e ajudar em qualquer oportunidade. Provavelmente esse seu colega sabe como demonstrar essas características sem parecer falso. Ele parece saber o que está fazendo de uma maneira que as outras pessoas achem que ele realmente sabe.

Que tipo de linguagem corporal lhe prejudica no escritório? Qualquer ação que faça você parecer abrasive, incerto ou desinteressante, como:

Má postura
Falta de contato visual
Aperto de mão fraco
Gestos nervosos como, ficar torcendo a mão ou mexendo a perna.

Agora, olhe de novo para o João. Ele anda com o peito estufado, faz questão de fazer contato visual com as pessoas, aperta mãos como se ele tivesse concorrendo a presidência... Consegue ver a diferença? Seu colega parece uma pedra na tempestade, parece a pessoa para quem você deve ir correndo caso algo errado aconteça.

O funcionário que nunca faz contato visual e se esconde das outras pessoas com sua linguagem corporal sempre vai passar despercebido, principalmente em tempos de crise, que é quando os líderes são forjados.

Aqui está a parte importante: quando há duas pessoas que trabalham igualmente bem, o chefe provavelmente vai dar a promoção para aquele que ele gosta mais, e, provavelmente, é mais fácil gostar desse seu colega, porque ele dá a todos uma ampla oportunidade de verem ele se destacar no escritório. Não é justo, mas acontece o tempo todo. Você tem que saber como jogar o jogo do seu colega se você quiser superá-lo.

A caminhada do sucesso

Há a linguagem corporal que vai lhe conseguir uma promoção, a linguagem corporal que vai fazer você ser ignorado e a linguagem corporal que vai lhe fazer ser demitido. Todo mundo sabe que algumas coisas – como gestos obscenos de qualquer tipo – são muito inapropriados no ambiente de trabalho. Mas há alguns movimentos que caem em uma área cinza. Tecnicamente, eles não são movimentos ofensivos, mas há algo neles que deixa as pessoas desconfortáveis. Dentre eles estão:

Contato visual prolongado
Uso excessivo das mãos para enfatizar um ponto
Tossir ou pigarrear em excesso
Ser carrancudo o tempo todo
Toques prolongados

Bem, o último item da lista pode chegar a ser um problema com a lei, dependendo de quem está tocando e onde. As outras ações, no entanto, podem ser consideradas apenas um pouco... estranhas. Você conhece essas coisas — aquele colega que nunca para de te olhar enquanto fala com você; a colega que balança os braços como se fossem asas quando ela está animada com algo; e aquela pessoa que sempre parece zangada.

De novo, o funcionário de sucesso se dá bem com todo mundo no escritório, e sempre aparece disposto a se prontificar para participar de qualquer projeto ou resolver qualquer problema. Com isso não estou querendo dizer que quem não sabe sobre como fazer contato visual apropriadamente é uma pessoa má, mas que essa pessoa pode deixar os outros nervosos, o que resulta em pessoas evitando ela.

Seja para melhor ou para pior, a linguagem corporal é uma marca significativa em interações do mundo dos negócios. É um mundo selvagem lá fora, mas você não tem que se juntar às traições e fofocas que acontecem em muitos escritórios para se promover. Aprendendo a se portar com um verdadeiro profissional, você causa uma impressão distinta nas pessoas ao seu redor, inclusive nos seus chefes.

Ande ereto, aperta mãos com firmeza, e faça contato visual, não importa o quão estranho essas ações possam parecer para você no começo. Ninguém se lembra de um papel de parede – use sua linguagem corporal para se fazer visível, memorável, contratável e promovível.

Você vai se lembrar dos primeiros capítulos que as palmas da mão para cima são um gesto amigável; palmas da mão para baixo indicam um interlocutor fechado que não está aberto a novas ideias. Alguém que oferece as mãos para você com a palma da mão virada para baixo está querendo dizer que ele é alguém importante no escritório. Esse é o tipo de movimento que o presidente da empresa pode usar quando está conhecendo subordinados.

Se alguém lhe oferecer a mão com a palma para baixo, está tudo bem se você oferecer sua mão verticalmente e esperar que a pessoa aperte sua mão (a não ser que ele seja seu chefe). A coisa engraçada nisso é que algumas pessoas mais agressivas vão apertar sua mão e tentar virar a palma dela para cima. Lute contra isso, e não se sinta estranho com essa queda de mãos em que você está se metendo.

Você simplesmente está protegendo a sua posição. É errado oferecer a mão com a palma para cima? Não se você for extremamente confiante e/ou em uma posição de poder. Nesse caso, isso pode parecer um gesto humilde, que provavelmente vai fazer os outros se sentirem confortáveis em sua presença.

Você já deve ter visto irmãos e amigos homens apertando as mãos e ao mesmo tempo batendo um no outro em seus ombros – obviamente um jeito de dizer, "estou tão feliz em lhe ver!". Essemovimento é reservado para encontrospessoais?

Essa batida no ombro, juntamente com segurar o cotovelo do outro, é simplesmente uma demonstração de boa vontade. É uma maneira de expressar alegria genuína em ver o outro sem precisar dar um abraço (apesar de que, às vezes, a batida no ombro é um prelúdio para um abraço, especialmente entre amigos homens ou familiares).

O movimento seguinte é sutil e frequentemente precede um aperto de mão, sendo muito fácil de perder. Digamos que você está terminando um encontro com um colega, vocês apertam as mãos e quando você vira para caminhar até a porta, ele caminha com você e coloca a mão no seu ombro. Esse é um movimento condescendente, que sugere que você é a pessoa inferior na situação.

Se você é uma pessoa que trabalha com alguém que é adepto do toque condescendente no ombro, se mova para fora do alcance dele depois do aperto de mão. Quando ele faz isso com você, a percepção dele de que ele é superior cresce, o que pode não significar nada na vida real, mas não há sentido em alimentar o ego dessa pessoa.

Você pode não se incomodar com o toque no ombro, mas você não quer que a outra pessoa comece a acreditar que tem algum tipo de controle sobre você. Você quer que ele saiba que você é uma força a ser reconhecida. Logo, se livrar das tentativas de intimidação da outra pessoa é uma ótima maneira de passar essa mensagem claramente.

Um papel bem interpretado

Todos nós já vimos pessoas que são menos talentosas que seus colegas ganharem grandes promoções. Naturalmente, pares e colegas coçam a cabeça para isso. Como é possível que aquela pessoa, que mal é qualificada para aquela posição, foi promovida para uma posição que ele não merece? Bem, essa pessoa, mesmo que inadequada para fazer o trabalho, provavelmente joga bem o "jogo do escritório" – e uma grande parte desse "jogo" envolve linguagem corporal.

As chances são que ele é um mestre em projetar uma atitude positiva, um ambiente alegre e saber exatamente quando e onde aparecer em um lugar para parecer que ele fez mais do que realmente fez.E, tão importante quanto o resto, ele sabe como se manter na linha das políticas bobas do escritório. Mesmo que odiemos admitir, ele está fazendo algo certo – algo com o que nós poderíamos aprender. Tente esses truques de linguagem corporal para passar uma imagem positiva no escritório e veja o que acontece.

Pareça interessado em reuniões, mesmo que você sinta que ela é uma perda do seu tempo;

Se sente de maneira ereta, abra seus olhos e faça contato visual com quem estiver falando.Assuma que há algo interessante no que a pessoa está dizendo e pareça de fato interessado;

Se faça mais visível, se destaque e faça questões em reuniões; quem estiver apresentado e os chefes adoram saber que as pessoas estão ouvindo e interessadas;

Seja amigável e alegre. Sorria quando você cumprimenta as pessoas;
Quandoas pessoas lhe envolverem na conversa, incline um pouco a cabeça, faça contato visual e acene com a cabeça de tempos em tempos; você vai ganhar muitos aliados apenas por parecer que você é um bom ouvinte;

Nãosejasubmisso.Caminhe em uma postura ereta e a passos largos quando estiver no escritório. Está tudo em parecer que você sabe exatamente o que está fazendo, mesmo que você não saiba;

Não deixe ninguém lhe subestimar e olhar de cima para você – literalmente. Digamos que alguém para do lado da sua mesa para lhe dar instruções de um projeto e isso claramente vai levar alguns minutos. Convide a pessoa a se sentar, ou fique de pé para ficar na altura dos olhos da pessoa. A pessoa que é fisicamente mais alta na conversa é considerada a dominante.

Se você está tentando ganhar uma promoção, isso não é algo que você pode fazer em um dia; é uma mudança de vida no escritório. Mas não se preocupe, você pode morder a língua o dia inteiro para coisas que você gostaria de ter dito, mas quando você sair do escritório, pode liberar tudo.

Capítulo 10: Use em sua Vantagem

Todo mundo quer um aumento, uma promoção e um novo carro, mas você sabe que isso leva tempo e, às vezes, leva mais tempo do que você está disposto a esperar. Você sabe que a vida é sobre dar e ganhar, mas deve ter algo que você pode fazer para receber seus "ganhos" um pouco mais cedo.

Usar seus sinais em sua vantagem começa com a empatia; você tem que se colocar no lugar da outra pessoa para entender as necessidades dela. Lembre-se de quando você já esteve na situação da pessoa para que você seja capaz de facilmente se espelhar e construir uma harmonia com o indivíduo. Uma vez que você tenha se colocado no lugar da pessoa, você será capaz de entender qual a motivação da pessoa. Saber o que a outra pessoa quer vai lhe ajudar no caminho do sucesso, porque você saberá como propositalmente usar sua linguagem corporal para refletir a motivação das pessoas.

Ganhando confiança

Durante os primeiros dez minutos de uma conversa com um completo estranho, 60% das pessoas têm a tendência de mentir. As pessoas também têm uma característica pré-programada de que faz com que elas esperem que a outra pessoa conte apenas a verdade, ainda mais em primeiros encontros.

Detectar a verdade precisamente só acontece 67% das vezes e detectar a mentira, 44%. Quando você usa seus sinais para parecer mais confiável para alguém, você vai fazer com que a pessoa queira fazer negócios com você, o que, no final das contas, pode trazer benefícios tanto a ela quando a você e sua empresa.

No decorrer deste livro, você descobriu quais são alguns dos sinais para se tornar, aparentemente, mais confiável. Encorajar feedback, ouvir, fazer contato visual, sorrir para mostrar sua apreciação pela pessoa e se aproximar da pessoa durante a conversa pode indicar o quão confiável você pode ser, mas há também outros sinais, como deixar seus pés encostados no chão, ter uma postura boa, deixar as pontas do seu pé apontadas para a pessoa que está falando, acenar positivamente com a cabeça quando você está fazendo pontos positivos e negativamente quando está falando sobre pontos negativos, e, eventualmente, encolher os ombros.

Para fazer esses sinais parecerem naturais, você precisa praticá-los. Você pode praticar para que sua linguagem corporal e palavras estejam em sincronia. Tente antecipar questões que seus colegas podem perguntar depois de sua apresentação, ou o que o seu chefe dirá quando você ainda não tiver terminado seu trabalho, e pratique suas respostas – tanto verbais quanto não verbais.

Motive os outros

Quando você é um gerente ou executivo, você precisa saber como motivar os outros. Padres, políticos e até vendedores que dão discursos sabem o poder da motivação. Se você quer ser um figurão, você terá que saber como motivar os outros a lhe seguirem. Pessoas atendem até a protestos para defender suas vozes sobre assuntos pelos quais elas têm paixão. Isso é porque elas sabem o elemento chave para estimular a mudança: motivação. Da mesma maneira, pessoas que fazem discursos motivacionais também incitam o mesmo tipo de mudança – dando às pessoas o incentivo que elas precisam. Frequentemente, pistas não verbais serão usadas por essas pessoas para criar motivação. Alguns dos melhores sinais que você pode usar para criar motivação no ambiente de trabalho são um discurso acelerado, uma variação no tom de sua voz, e uma linguagem corporal aberta, com palmas da mão para cima, contato visual firme, e sorrisos genuínos. Mas você tem que saber como usar esses sinais não verbais gentilmente e com firmeza ao mesmo tempo.

Mesmo que você queira parecer no controle, você ainda tem que passar o sentimento de que você importa com o que as outras pessoas sentem. Lembre-se que você tem que se colocar no lugar das outras pessoas. Se você quer que alguém trabalhe até mais tarde ou faça um trabalho extra, então você tem que motivar a pessoa a querer fazer isso, não fazer uma queda de braço com ela. Quando você está tentando motivar alguém, a primeira coisa que você precisa fazer é construir harmonia. Depois disso, você deve se aproximar da pessoa, olhas ela nos olhos e pedir o favor que você precisa com as palmas da mão abertas, assim como os braços. Uma vez que você tenha feito isso, espere e veja a reação dela. Se a postura da pessoa parecer submissa, ela evitar contato visual e encolher os ombros, você acaba de fazer uma queda de braço com a pessoa. Esses são os sinais que você não quer ver, pois então você precisa reconstruir a harmonia com a pessoa e tentar motivá-la novamente. Você vai saber quando suas técnicas motivacionais funcionaram porque você verá uma aparência de orgulho com sorrisos genuínos aparecendo. Depois de motivar alguém com sucesso, a pessoa vai sentir que a tarefa foi ideia dela mesma, e ficará feliz em fazer o trabalho extra.

Conclusão

Todos os dias nós nos comunicamos com outras pessoas. É essencial que a gente se conheça, assim como os outros. Há palavras não ditas com as quais nos deparamos que precisam ser decifradas para que possamos ter um relacionamento mais saudável e enriquecedor com os outros.

A comunicação não verbal é essencial em nossas interações diárias. Ela nos dá atalhos para nos expressarmos de uma maneira que envolva pouca elaboração de palavras e explicações. Conforme nós progredimos neste livro, você descobriu um significado mais profundo do porquê nós fazemos o que nós fazemos, e o porquê de certas coisas serem feitas de jeitos que nós não entendemos.

A interpretação correta da linguagem corporal das outras pessoas pode nos ajudar a interpretar os outros e entender melhor as mensagens que eles querem nos passar. Ela também nos ajuda a se proteger de mentirosos e pessoas que querem tirar vantagem de nós. Aprender a arte de decifrar a linguagem corporal nos salva de corações partidos e a dor das mentiras.

Há maneiras diferentes de interpretar a linguagem corporal, mas nós devemos ter cuidado ao julgar os outros. Algumas linguagens corporais podem ser mal interpretadas devido à formação de hábitos. É essencial considerar diferentes fatores que cercam o comportamento de uma pessoa, como histórico familiar e estados mentais, dentre outros.

No final das contas, a linguagem corporal é essencial para fazer nossas comunicações mais significativas. Aprenda o básico deste livro e use-o para enriquecer as suas habilidades comunicativas, para que você seja uma pessoa que usa a linguagem corporal à favor do próprio sucesso.

www.ingramcontent.com/pod-product-compliance
Lightning Source LLC
Chambersburg PA
CBHW051734020426
42333CB00014B/1298